Pferdekrankheiten

Das Praxisbuch mit über 300 Fotos

Edward C. Straiton

Pferdekrankheiten
erkennen und behandeln

Elfte Auflage

Die Deutsche Bibliothek – CIP-Einheitsaufnahme
Straiton, Edward C.:
Pferdekrankheiten erkennen und behandeln: das
Praxisbuch mit über 300 Fotos / Edward C. Straiton.
[Aus dem Engl. von Helen Stäubli. Neubearb.: Renate
Ross-Rahte]. – 11. Aufl. – München; Wien; Zürich: BLV,
1995
   Einheitssacht.: The TV vet horse book <dt.>
   ISBN 3-405-13113-8

NE: Ross-Rahte, Renate [Bearb.]

Titel der englischen Originalausgabe
The TV Vet Horse Book –
Recognition and Treatment
of Common Horse and Pony Ailments
© Farming Press Ltd., Ipswich

Aus dem Englischen von Helen Stäubli
Neubearbeitung: Dr. Renate Ross-Rahte
Titelfoto: Jürgen Kemmler
Grafik S. 16: Ulrik Schramm

BLV Verlagsgesellschaft mbH
München Wien Zürich
80797 München

Das Werk einschließlich aller seiner Teile ist urheber-
rechtlich geschützt. Jede Verwertung außerhalb der
engen Grenzen des Urheberrechtsgesetzes ist ohne
Zustimmung des Verlags unzulässig und strafbar. Das
gilt insbesondere für Vervielfältigungen, Übersetzungen,
Mikroverfilmungen und die Einspeicherung und Verar-
beitung in elektronischen Systemen.

© BLV Verlagsgesellschaft mbH, München 1995

Satz und Druck: Courier Druckhaus, Ingolstadt
Bindung: Conzella, Urban Meister, München

Gedruckt auf chlorfrei gebleichtem Papier

Printed in Germany · ISBN 3-405-13113-8

Inhaltsverzeichnis

11 Vorwort
14 Einführung

Allgemeine Ratschläge

17 Zucht
19 Die Stute vor dem Abfohlen
20 Abfohlen im Stall oder auf der Weide
20 Umgang mit dem Fohlen
20 Absetzen
21 Kastration
21 Wann soll beim jungen Pferd mit der Arbeit begonnen werden?
21 Behandlung unter vier Jahren
22 Beste Deckzeit nach dem Abfohlen
22 Wann ist eine Stute zu alt zur Zucht?

23 **Abfohlen**
24 Nach der Geburt
25 Stutenmilch und deren Ersatz
27 Ansteckende Gebärmutterentzündung

28 **Fohlenkrankheiten**
28 Hämolytische Krankheit
28 Darmpechverhaltung (Verstopfung)
29 Durchfall (nicht infektiös)
29 Infektiöser Durchfall – bakteriell bedingter Darmkatarrh
30 Harnschnur- oder Urachusfistel
30 Fohlenlähme

32 **Rachitis**
33 Vitaminversorgung

34 **Kastration**
34 Technik der Kastration
35 Festhalten des Pferdes
35 Injektion gegen Starrkrampf
35 Betäubung
35 Die Operation
36 Mögliche Komplikationen
36 Leistenbruch

37 **Nabelbruch**

37 Der »Klopphengst« (Kryptorchide)

38 Nymphomanie

39 **Einfache Methoden, um ein Pferd zu halten**
39 Ein Vorderbein aufheben

40 Den Schweif halten
40 Nasenbremse anlegen
40 Augen verbinden
41 **Stallapotheke**
41 **Verletzungen**
41 Erste Hilfe bei Verletzungen
42 **Wunden**
43 Granulierende Wunden
44 Verletzungen am Vorderknie
46 **Blutungen**
47 **Gebäudefehler**
47 Streichen (Fesselbereich)
48 Greifen
49 »Speedy cutting« (Streichen im Röhren-Knie-Bereich)
49 **Stalluntugenden**
49 Koppen und Krippensetzen
52 Weben
52 Rechtslage
53 **Sattel- und Gurtendruck**
53 Satteldruck
54 Gurtendruck

57 **Fütterung**
57 Rauhfutter
58 Kraftfutter
58 Saftfutter
59 Fütterungszeiten
59 Die notwendige Kraftfuttermenge
59 Wasser
60 Winterhaltung
61 Dicker, trüber Urin
61 Wasserharnruhr
62 Kotfressen

Allgemeine Krankheiten

63 **Parasiten**
63 Parasiten der Hautoberfläche
   Räudemilben 63 · *Läuse* 64
65 Innere Parasiten: Würmer
   Bandwürmer 65 · *Rundwürmer* 65
68 Zwei andere Parasiten
   Pferdedasseln 68 · *Rinderdasseln* 69
70 **Hautpilz (Glatzflechte)**
72 **Schweifekzem**

73 Sommerekzem oder Sommerräude
74 »Sweet itch« (Ekzem durch Mückenstiche)
74 Fußräude
75 Tetanus (Wundstarrkrampf)
77 Impf- und Entwurmungsplan
78 Transport-Tetanie
79 Nesselfieber (Urticaria)
80 Blutfleckenkrankheit (Petechialfieber)
89 Melanome
89 Warzen (Papillomatosis)
90 Kreuzlähme
91 Krebs
92 Tuberkulose
92 Leptospirose
92 Schlundverstopfung
93 Lichtkrankheit (Photophobie)
93 Salmonellose (Paratyphus)

Erkrankungen in der Kopfregion

95 **Die Zähne**
95 Wie bestimmt man das Alter des Pferdes?
97 Zahnpflege
97 Schwellung hinter den Schneidezähnen (Lampas)
98 Gebißfehler
98 Untersuchung des Pferdemauls und der Zähne ohne Zwangsmittel
98 Entfernung von Zähnen

99 **Die Augen**
99 Einfache Anatomie des Auges
99 Wie wird das Auge untersucht?
100 Hornhautentzündung
101 Periodische Augenentzündung
101 Grauer Star
102 Das dritte Augenlid (Nickhaut)
102 Bindehautentzündung (Conjunctivitis)
103 Verstopfter Tränennasengang

104 Nebenhöhlenentzündung
104 Sinusinfektion
105 Gesichtsnervenlähmung
106 Juckreiz in den Ohren
107 Genickbeule und Widerristfistel
108 Erkältungskrankheiten
110 Wie lange dauert die Genesung?
111 Desinfektion
111 Druse
113 Pferdegrippe (Husten)
116 Rhinopneumonitis/Virusabort
117 Schilddrüsenvergrößerung (Kropf)
117 Stauballergie

Erkrankungen im Brustbereich (Thorax)

118 Lungenentzündung (Pneumonie)
119 Brustfellentzündung (Pleuritis)

120 Die Atemwege des Pferdes
121 Nüsternflattern
121 »Zügelpfeifen«
121 Dämpfigkeit
122 Kehlkopfpfeifen (Rohren)
123 Rechtslage
123 Wie man die Atmungsorgane eines Pferdes prüft
125 Wie man ein Pferd untersucht
127 Tollwut
127 Ansteckende Blutarmut der Einhufer
128 Ansteckende Gehirn- und Rückenmarkentzündung

Erkrankungen im Bereich des Verdauungsapparates (Abdomen)

129 Kolik
133 Wurmkolik
134 Darmentzündung (Enteritis)

135 Dickdarmentzündung (Kolitis)
136 Graskrankheit
137 Nierenentzündung (Nephritis)
138 Mangelernährung

Erkrankungen der Beine

138 Lahmheit
141 Kniegelenkentzündung (Gonitis)
142 Kniescheibenluxation
143 Spat
144 Schale (Ringbein)
145 Jucken im Fesselbehang (Fußräude)
146 Überbeine
148 Arthritis
149 Zerrung der Beugesehnen
150 Radialislähmung
151 Erkrankungen der Sehnenscheiden
151 Weicher Spat
151 Sprunggelenkgallen
152 Piephacke
152 Kreuzgallen
152 Fesselgelenkgallen
152 Stollbeule
153 Sehnenscheidenentzündungen
154 Knochenbrüche
155 Hasenhacke (Kurbe)
156 Zerrung des Unterstützungsbandes
157 Hahnentritt
158 Muskelzittern
159 Einschuß (Lymphangitis)
161 Kreuzverschlag (Myoglobinurie)
163 Muskelentzündung
163 Gras-Ödem
164 Mauke
164 Schmutzmauke
165 Trockene Mauke

165 Nässende Mauke
165 Warzenmauke
167 Schulterlahmheit

Erkrankungen der Hufe

168 **Der Pferdefuß (Anatomie)**
168 Der Kronsaum
168 Der Strahl
168 Das Strahlbein und das Hufbein
169 Seitlicher Hufknorpel
169 Das Kronbein
169 Hufsohle und Hufwand

170 Quetschung der Hufsohle

171 Steingallen
172 Allgemeine Hufpflege

172 Nageltritt und Hufabszeß
175 Vernagelung

175 Kronen- und Ballentritt

176 Tragrandspalten

176 Kronrandspalten
177 Strahlfäule
178 Hufkrebs
178 Erkrankung der Hufrolle
181 Hufrehe
184 Hufknorpelverknöcherung
185 Hufknorpelfistel
186 Hohle Wand

Anhang

187 Doping
188 Für Pferde giftige Substanzen oder Giftpflanzen sowie eventuelle Behandlungsmöglichkeiten
190 Stichwortverzeichnis

»Gebet eines Pferdes«

Ich bin nur ein Pferd, o Herr, doch brav
  bin ich und treu
und willens, mein Bestes zu geben für
  etwas Hafer und Heu.
Dazu noch frisches Wasser und ein
  trock'nes Bett, um zu ruh'n –
mehr ist es nicht, was ich brauche,
  dafür will ich alles tun,
um dich zufriedenzustellen. Doch reit mich
  mit sanfter Hand,
auch wenn ich nicht gleich begreife –
  hab' nur einen Pferdeverstand.
Du bist mein Herr und Meister, vom
  Schicksal für mich erwählt,
drum schenk mir ein gnädiges Ende,
  wenn meine Tage gezählt.
Wenn ich alt und schwach geworden, dann
  laß mich sterben dort,
wo man sicher und schmerzlos mich tötet,
  und nicht an fremdem Ort.
Bin allzeit ein Freund dir gewesen und hab'
  dir treulich gedient,
drum sollst du als Freund mich behandeln,
  der ein würdiges Ende verdient.
Ich bitt' dich im Namen des Heilands,
  ohne den kein Sperling fällt,
der, geboren in einem Stalle, uns alle liebt
  und erhält.

Vorwort

Mein Leben ist den Pferden und der Reiterei gewidmet, und so habe ich eine aufrichtige Zuneigung zu allen jenen Tieren, die unser Leben durch ihre unverbrüchliche Treue bereichern, die uns so viel Freude bereiten und auch immer wieder unseres Schutzes bedürfen. Aus diesem Grunde und als Zeichen der Anerkennung, die ich dem Autor zolle, freut es mich sehr, zu seinem ausgezeichneten Buch ein Vorwort schreiben zu können.

In allen zivilisierten Ländern haben sich heutzutage Tierfreunde in einflußreichen Vereinigungen zusammengeschlossen und die Unterstützung der Regierungen erhalten, um gegen die Tierquälerei anzukämpfen, die sich in unserer nüchternen Zeit ereignet und teils auf die menschliche Natur, teils (wesentlich häufiger) auf die Unwissenheit des Menschen zurückzuführen ist. Es ist unsere vornehme Verpflichtung, den uns anvertrauten Geschöpfen Hilfe und Schutz zu gewähren. Jedoch kann Hilfe nur wirksam geleistet werden, wenn das Handeln durch Wissen geleitet wird. Und das Wissen seinerseits muß auf Erfahrung beruhen. In dieser Beziehung begrüße ich die Herausgabe dieses Handbuches.

In den sechzig Jahren meines Lebens mit Pferden habe ich mit Bedauern den gewaltigen Umbruch unserer Lebensweise mit angesehen, bei dem das Pferd, welches durch Jahrtausende der treue Begleiter des Menschen war, allmählich von der Armee, den Straßen und den Bauernhöfen verschwunden ist. Die Armee hatte, zusammen mit den Veterinäroffizieren, über die Ausbildung und Pflege des Pferdes strenge Regeln aufgestellt, die im Laufe der Zeit einen entscheidenden Einfluß auf die Haltung von privaten Reit- und Zugpferden ausübten.

Im Gegensatz zum Gebrauch des Arbeitspferdes hat die Verwendung des Reitpferdes in den letzten Jahren dank dem vermehrten Interesse am Reitsport zugenommen. Pferdeliebhaber werden mit Freude sehen, daß der Reitsport überall sehr beliebt geworden ist. Aber diese Tatsache bringt leider einen minderen Standard mit sich sowie auch mehr und mehr eine große Anzahl oft ausgezeichneter Pferde, welche vor ihrer Zeit verbraucht sind. Zu viele Leute halten sich Pferde, ohne die geringste Kenntnis über ihre Haltung und Pflege zu haben. Aus Unwissenheit, Nachlässigkeit und Gleichgültigkeit wird bei unseren treuen Gefährten ein nicht wiedergutzumachender Schaden angerichtet. Da in allen Ländern ein großer Mangel an Reitlehrern und Pferdepflegern herrscht, ist eine qualifizierte Stallhilfe sehr schwierig zu finden. So manche Dinge, die vor dreißig Jahren als selbstverständlich galten, werden für den modernen Pferdebesitzer zum Problem. Es kann Situationen geben, in denen dann einfach die Erfahrung fehlt, und kleine Erkrankungen können, wenn sie nicht rechtzeitig erkannt und behandelt werden, sich zu ernsten Krankheiten entwickeln.

Dieses Buch füllt demnach eine wichtige Lücke auf dem Gebiet der Stallhaltung und Pferdepflege und richtet sich sowohl an den Reiter als auch an den Pferdebesitzer. Die einfachen und präzisen Erklärungen sind selbst für den Laien verständlich, um daraus zu lernen, wie man Krankheitssymptome erkennen, wie man Erste Hilfe leisten kann und, das Wichtigste von allem, in welchem Moment man den Tierarzt rufen soll.

Und nun noch ein paar Worte über den Autor, dessen Wissen und jahrelange Praxis auf jeder einzelnen Buchseite deutlich werden und damit die theoretische Seite dieses Buches zusätzlich unterstreichen. Ich selbst habe mehrere Bücher über die Reiterei veröffentlicht, die auf einer lebenslangen Erfahrung beruhen, und deshalb bin ich in der Lage, den besonderen Wert dieses praktischen Handbuches zu schätzen. Die ausgezeichneten Illustrationen sind Beweise von jahrelanger geduldiger Arbeit und stellen eine wertvolle Ergänzung zum Text dar.

Als Reiter habe ich immer den Tierarzt, der für meine Pferde sorgte, als guten Freund betrachtet. Ich hege das gleiche Gefühl der aufrichtigen Freundschaft gegenüber dem Autor dieses Buches, welches dazu beitragen wird, unserem treuen Begleiter zu helfen, ihn besser zu verstehen und auch weiterhin das Wohlergehen des Pferdes sicherzustellen. Ich bin überzeugt, daß meine Einstellung von vielen Reitern, Züchtern und allen Lesern, die ein Herz für Tiere haben, geteilt wird. Und dafür sind wir dem Autor dankbar.

Wien, Hofburg *Alois Podhajsky*

Einführung

Seit der Zeit, als ich den Beruf des Tierarztes ergriff, habe ich nach einem leichtverständlichen Nachschlagewerk über Pferde gesucht, und ständig hatte ich im Sinn, ein solches Buch zu produzieren, sobald ich es mit absoluter Autorität schreiben könnte. Da lediglich eine sehr intensive oder lebenslange Erfahrung jene Autorität verleihen kann, dachte ich, daß man darauf noch einige Jahre werde warten müssen. Dann aber bot sich die einmalige Gelegenheit: Harry Robb, der an der Tierärztlichen Fakultät von Glasgow mein Lehrer gewesen war, wurde pensioniert und ließ sich nur etwa 50 Kilometer von meiner Praxis entfernt nieder. Harry besaß alle Voraussetzungen – ein langes Leben in der Praxis mit intensiver Arbeit mit Pferden. Es sind tatsächlich nur wenige – wenn es überhaupt welche gibt – lebende Veterinäre, die sich mit seiner Erfahrung im Umgang mit Pferden messen könnten.

Ganz gleich, an welchem Beruf auch immer man sich orientiert, das Wichtigste sind nicht so sehr die eigentlichen Kenntnisse, sondern das Wissen, wo man diese bestätigt sehen kann – und ich habe den idealen Berater buchstäblich an meiner Türschwelle gefunden.

Einige Monate lang habe ich die ungefähr hundert Kilometer von und nach Harrys Farm zweimal in der Woche zurückgelegt. Harry hat seine eigenen Erinnerungen an jede Pferdekrankheit auf Band gesprochen, und gemeinsam haben wir diese Bänder abgeschrieben und diskutiert und uns oft bis spät in die Nacht geplagt. Nachher habe ich alle Fälle in meiner Praxis fotografiert. Dieses Buch ist das Ergebnis hiervon.

Die Sprache wurde bewußt einfach gehalten, damit sie auch vom jüngsten Ponybesitzer und -reiter verstanden werden kann. Gleichzeitig soll das Werk ebenso wertvoll sein für alle erwachsenen Pferdebesitzer, Veterinärstudenten und vielleicht vor allem für die junge Generation von Veterinären, deren Erfahrung mit Pferden nicht sehr groß ist.

Ich möchte meinen Dank aussprechen nicht nur für die vollwertige und lebenswichtige Mitarbeit meines Beraters, sondern auch für die Arbeit meines Fotografen, Tony Boydon, der für die meisten Bilder verantwortlich ist, sowie seinem Kollegen Richard Perry von der Europublicity, der die Diagramme so hervorragend gezeichnet hat.

Nach der Vollendung des Manuskriptes habe ich mit großer Trauer von Harry Robbs Tod gehört. Deshalb ist es mein Wunsch, daß diese Arbeit eine ständige und aufrichtige Erinnerung an seinen Namen sei. Er war ohne Zweifel einer der besten Veterinäre und Gentlemen, die zu kennen mir je vergönnt war.

Edward C. Straiton

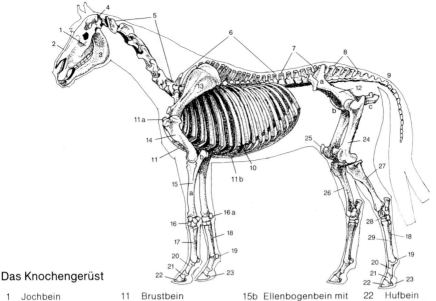

Das Knochengerüst

1. Jochbein
2. Nasenbein
3. Unterkieferbein
4. Hinterhauptsbein
5. Halswirbel (7)
6. Rückenwirbel (18)
7. Lendenwirbel (6)
8. Kreuzwirbel (5)
9. Schweifwirbel (18–21)
10. Rippen (8 echte, 10 falsche)
11. Brustbein
11a. Habichtsknorpel
11b. Schaufelknorpel
12. Beckenknochen
12a. Hüftbein
12b. Schambein
12c. Sitzbein mit -höcker
13. Schulterblatt
14. Oberarmbein
15. Unterarmbein
15a. Speiche
15b. Ellenbogenbein mit Ellenbogenhöcker
16. Vorderfußwurzelknochen
16a. Erbsenbein
17. Vordermittelfuß (Vorderröhre)
18. Griffelbein
19. Gleichbein
20. Fesselbein
21. Kronbein
22. Hufbein
23. Strahlbein
24. Oberschenkelbein
25. Kniescheibe
26. Schienbein
27. Wadenbein
28. Sprunggelenkknochen
28a. Rollbein
28b. Sprungbeinhöcker
29. Hintermittelfußknochen (Hinterröhre)

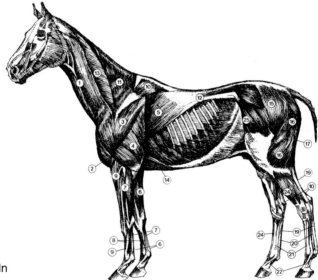

Die Muskeln

1. Gemein. Kopf-, Hals- und Armmuskel
2. Langer Beuger des Unterarms (von 1 verdeckt)
3. Grätenmuskeln
4. Strecker des Unterarms
5. Breiter Rückenmuskel
6. Kronbeinbeuger der Vordergliedmaße
7. Hufbeinbeuger der Vordergliedmaße
8. Fesselbeinbeuger der Vordergliedmaße
9. Gemeinschaftlicher Strecker des Fessel-, Kron- und Hufbeins (Zehenstrecker)
10. Rückenteil des Kappenmuskels
11. Halsteil des Kappenmuskels
12. Langer Rückenmuskel
13. Tiefere Halsmuskeln
14. Brustmuskeln
15. Kruppenmuskeln
16. Aus- und Einwärtszieher der Hintergliedmaße
17. }
18. Streckmuskeln des Sprunggelenks (Achillessehne)
19. Kronbeinbeuger der Hintergliedmaße
20. Hufbeinbeuger der Hintergliedmaße
21. Fesselbeinbeuger der Hintergliedmaße (Oberes Gleichbeinband)
22. Unteres Gleichbeinband
23. Gerader Bauchmuskel
24. Gemeinschaftlicher Strecker des Fessel-, Kron- und Hufbeins (Zehenstrecker)
25. Spanner der breiten Schenkelbinde

Allgemeine Ratschläge

Zucht

Einige einfache Kenntnisse über Zucht sind für den Pferdebesitzer unentbehrlich, da sich vor allem immer mehr Ponybesitzer mit der Pferdezucht befassen (1). Wenn ein Kind dem Pony entwächst, stellt sich häufig die Frage, was man mit dem Tier anfangen soll. Das Pony kann natürlich verkauft werden, aber oftmals ist es zu einem Teil der Familie geworden, und niemand will es deshalb verkaufen. Bei einer Stute liegt es nahe, mit ihr zu züchten.

Die erste Frage ist dann: *Welcher Hengst soll verwendet werden?* Selbstverständlich soll man einen Hengst von korrektem Gebäude und guter Aktion wählen, aber das Wichtigste ist das Temperament (2). Man sollte nie einen Hengst mit schlechtem Charakter auswählen; dieser so wichtige Fehler ist fast immer erblich. Ein Pony mit schlechtem Charakter ist nicht nur lästig, sondern kann für seine Pfleger sowie für die Kinder eine Gefahr darstellen.

Wenn man den Deckhengst ausgesucht hat, taucht die nächste Frage auf: *Wann soll die Bedeckung stattfinden?* Bei Vollblütern, die als Rennpferde gearbeitet werden sollen, ist es wünschenswert, daß das Fohlen so früh wie möglich im Jahr geboren wird. Der Grund dafür ist, daß beim Vollblüter das Alter des Fohlens immer vom 1. Januar an gerechnet wird, und wenn es als Zweijähriger Flachrennen laufen soll, so sind ein oder zwei Monate früheren Abfohlens immer von Vorteil.

Neue Untersuchungen haben jedoch gezeigt, daß auch bei Rennpferden die Fohlen günstiger im Frühjahr geboren werden, weil sie meistens schon bis zum Herbst ihre aus den Wintermonaten stammenden Jahrgangsgefährten in der Entwicklung eingeholt haben. – Im allgemeinen ist es in jedem Fall am besten, wenn die Fohlen je nach den Klimaverhältnissen von April bis Anfang Juni geboren werden, um sofort in den Genuß von Sonne und Weidegang zu kommen (3, S. 18).

Die Tragezeit, d. h. die Zeit zwischen dem Decken der Stute und der Geburt des Fohlens, beträgt ungefähr elf Monate. In

3

Ausnahmefällen kann das Abfohlen schon eine oder zwei Wochen früher oder bis einen Monat später erfolgen. Soll demnach das Fohlen im Mai geboren werden, muß die Bedeckung der Stute im Juni stattfinden.

Die Stute wird in der Regel alle drei Wochen rossig, also bereit, den Hengst anzunehmen. Im Frühjahr und im Frühherbst zeigt sich die Rosse am deutlichsten. Man erkennt sie am veränderten Benehmen; die Stute »blitzt«, d. h., sie legt den Schweif an die Seite und verspritzt kleinste Mengen Harn. Die Schleimhaut ist leicht gerötet, und manchmal zeigt sich ein schleimiger Ausfluß.

Die Dauer der Rosse ist von Pferd zu Pferd und je nach der Jahreszeit verschieden. Sie kann einige Tage, aber auch Wochen anhalten (siehe »Nymphomanie« S. 38). Der Eisprung, also das Freiwerden eines befruchtungsfähigen Eies, erfolgt gegen Ende der Rosse. Jetzt sind die Chancen für die Befruchtung am besten. Der Tierarzt kann durch eine rektale Untersuchung (4) diesen Zeitpunkt feststellen. Die meisten Hengsthalter verlangen vor dem Decken eine Untersuchung des Genitalsekrets. Diese Zervixtupferprobe entnimmt der Tierarzt am günstigsten eine Rosse vor dem geplanten Decktermin. Er kann dann gleich feststellen, ob alles in Ordnung ist oder eine Behandlung vor dem Decken sinnvoll wäre.

Hat die Stute aufgenommen, schlägt sie nach drei Wochen den Hengst ab. Ob sie tatsächlich trächtig ist, kann ein geübter Tierarzt auch nach drei Wochen rektal feststellen. Durch die Untersuchung einer Blutprobe (5) ist dies nach sechs Wochen und mit einer Harnprobe nach vier Monaten möglich.

Selbstverständlich muß eine trächtige Stute gut gepflegt und gefüttert werden. Ab dem 7. Monat sollte sie Kraftfutter bekommen, da gegen Ende der Trächtigkeit die Frucht schnell wächst. Auf keinen Fall sollte die Stute jedoch in den letzten vor und den ersten Wochen nach der Geburt

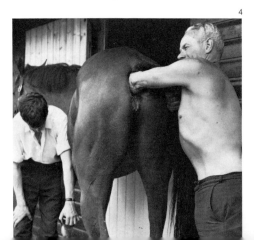

4

5

erheblich mehr Hafer fressen, als sie gewohnt ist.

Das Fohlen kann im Mutterleib absterben. Geschieht dies in der ersten Hälfte der Trächtigkeit, wird die Frucht oft vom Körper aufgesogen, ohne daß man es bemerkt. Verfohlt die Stute gegen Ende der Zeit, ist dies meist die Folge einer Infektion, deren Ursache unbedingt durch entsprechende tierärztliche Untersuchungen geklärt werden sollte.

Die Stute vor dem Abfohlen

Wenn die Zeit des Abfohlens näherrückt, wird das Euter der Stute mehr und mehr anschwellen. An den Zitzen entwickeln sich Harztröpfchen (6), und es kann sogar Milch zu tropfen beginnen. Aber trotz dieser allgemeinen Anzeichen ist es sehr schwierig, den genauen Abfohltermin einer Stute festzulegen. Da die Stute sich nicht gerne während des Abfohlens beobachten läßt, fohlt sie meistens in der Nacht. Wenn die Stute mit der Geburt beginnt, geht es sehr schnell. Verläuft alles normal, ist die Sache nach 15 bis 30 Minuten schon überstanden.

Man sollte jedoch versuchen, die Geburt in angemessener Entfernung zu überwachen. Die Stute sollte einen nicht sehen, und nachts sollte kein großes Licht brennen. Noch ein Tip: Durch sorgfältige Kontrolle der Körpertemperatur läßt sich oft der Geburtstermin in etwa voraussehen. In den letzten Tagen steigt die Temperatur der Stute an, um kurz vor der Geburt deutlich abzufallen.

Geht die Stute erheblich über die Zeit, kann man mit einer Injektion von Prostaglandin die Geburt künstlich einleiten. Allerdings muß die Stute mindestens 340 Tage trächtig und die Milch bereits ins Euter eingeschossen sein. Beachtet man dies nicht, besteht die Gefahr einer Nachgeburtsverhaltung.

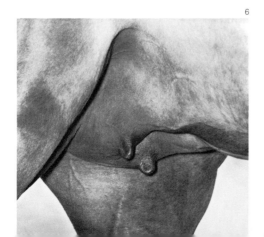

6

7

Abfohlen im Stall oder auf der Weide

Welche der beiden vorgenannten Möglichkeiten man bevorzugt, ist eine persönliche Entscheidung.
In jedem Fall müssen die Hufeisen rechtzeitig abgenommen werden.
Nach der Geburt des Fohlens muß die Plazenta oder Nachgeburt abgehen. Diese rote oder schokoladenfarbene Fruchthülle umschließt das Fohlen wie ein Sack und sollte möglichst in einem Stück ausgeschieden werden. Hängt ein Teil davon aus der Scheide heraus, bindet man einen Knoten oder schneidet das untere Stück ab, damit das Pferd nicht drauftreten kann. Ist nach zwei Stunden die Nachgeburt nicht abgegangen, muß der Tierarzt geholt werden. Bleibt die Nachgeburt in der Stute zurück, können sehr ernste und oft tödliche Komplikationen entstehen, wie z. B. Gebärmutterentzündung, Geburtshufrehe oder allgemeine Blutvergiftung, d. h. Septikämie.

Umgang mit dem Fohlen

Wenn das Fohlen zwei oder drei Tage alt ist, sollte ihm ein kleines Halfter angepaßt werden (7). Es kann sodann hinter der Mutter daran herumgeführt werden. Dies sollte jeden Tag gemacht werden, denn so wird sich das Fohlen sehr bald an den Menschen und den Umgang mit ihm gewöhnen, und es bleiben einem später Schwierigkeiten erspart. Durch diese einfache Regel bringt man das Fohlen dazu, sich so früh wie möglich führen zu lassen. Außerdem wird die unbedingt notwendige Kontrolle der Hufe erleichtert.

Absetzen

Das Fohlen sollte im Herbst abgesetzt, d. h. von der Mutter weggenommen werden. Von da an wird es selber fressen und auf sich aufpassen können, aber auch dann sollte man sich immer mit ihm beschäftigen und es alle Tage führen. Ebenso wichtig ist, die Beine anzufassen und die Füße aufzuheben; auch damit soll so früh wie möglich angefangen werden. Das regelmäßige Anfassen der Beine und das Aufheben der Füße werden später von unschätzbarem Vorteil sein, sowohl für die Pfleger als auch für den Hufschmied.

Kastration

Wenn das Fohlen ein Hengstchen ist, muß es kastriert werden. Dies wird gewöhnlich im Alter von einem Jahr gemacht, aber in manchen Ländern wird die Operation häufig bereits am Fohlen vollzogen. Es erübrigt sich zu sagen, daß diese Operation vom Tierarzt ausgeführt werden muß (s. Kapitel »Kastration« S. 34).

Wann soll beim jungen Pferd mit der Arbeit begonnen werden?

Ganz gleich, ob das junge Pferd ein Stut- oder Hengstfohlen ist, es darf nicht vor vier Jahren zu harter Arbeit – Springen oder Jagdreiten – herangezogen werden. Vier Jahre sind eine lange Wartezeit, und wenn es sich um ein Stutfohlen handelt, ist es praktisch und wirtschaftlich, es decken zu lassen und während dieser Zeit ein Fohlen aufzuziehen. Wird die Jungstute als Zweijährige gedeckt (8), wird sie als Dreijährige abfohlen und als Vierjährige für intensive Arbeit geeignet sein. Dies ist nicht nur ein wichtiger wirtschaftlicher Aspekt, sondern das Abfohlen als Dreijährige bewirkt ein Bauchsenken der Stute, und sie sieht so viel besser aus.

Behandlung unter vier Jahren

Als Zweijährige kann die Jungstute nach der Bedeckung bereits gezäumt, an der Doppellonge geführt, gegurtet und sogar bestiegen werden. Nach der Geburt des Fohlens kann man mit dem Zäumen, Gurten, Aufsitzen usw. fortfahren, während das Fohlen auf der Weide an ihrer Seite geht.

Ein besonderer Longierzaum (9, S. 22) wird die erste Arbeit sehr vereinfachen.

8

Die gleiche Behandlung soll auch dem Junghengst von zwei Jahren aufwärts angedeihen. Mit vier Jahren sind sowohl Jungstute als auch Junghengst für alle Aufgaben bereit.

Beste Deckzeit nach dem Abfohlen

Wird eine Stute ausschließlich zur Zucht gehalten, so ist die beste Deckzeit während der ersten Rosse nach der Geburt des Fohlens. Dies ist gewöhnlich etwa zehn Tage nach der Geburt und deshalb der ideale Zeitpunkt, um die Stute nochmals zu belegen, damit sie im folgenden Jahr wieder ein Fohlen bekommt.
Diese früher allgemein befolgte Regel ist heute nicht mehr uneingeschränkt gültig. Viele Leute bevorzugen die zweite Rosse nach dem Fohlen. Die Gebärmutter ist dann nicht mehr so anfällig für Infektionen und das Fohlen widerstandsfähiger.
Grundsätzlich sollte man die erste Rosse nach dem Abfohlen, daher »Fohlenrosse« genannt, nur nutzen, wenn die Geburt ohne Komplikationen verlaufen ist und keinerlei Ausfluß mehr besteht.

Wann ist eine Stute zu alt zur Zucht?

Eine Stute ist nie zu alt zur Zucht, unabhängig davon, ob sie bereits gefohlt hat oder nicht. Im allgemeinen kann man jedoch davon ausgehen, daß je jünger die Stute ist, sie desto besser aufnehmen wird. Auch wird die Geburt leichter sein, weil beim jungen Tier das Becken weniger verknöchert ist und die Beckenbänder dehnbarer sind. Aber darauf kommt es nicht unbedingt an. Die Stute mit dem Fohlen auf unserem Bild (10) ist 24 Jahre alt.

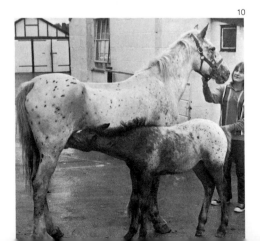

Abfohlen

Wenn das Fohlen im Uterus (d. h. in der Gebärmutter) ist, braucht es Blut und Sauerstoff, um am Leben zu bleiben und zu wachsen. Dies wird von der Mutter zur Verfügung gestellt durch die Plazenta und durch die Nabelschnur. Die Nabelschnur umschließt drei Verbindungen, nämlich die Nabelarterie, die Nabelvene und den Urachus (Harngang).

Die *Nabelarterie* liefert frisches, sauerstoffhaltiges Blut von der Mutter. Dieses sauerstoffhaltige Blut gelangt zum Herzen des Fohlens und wird dann durch den ganzen Körper gepumpt. Da das Fohlen nicht atmet, werden die Lungen vom Blut umgangen. Es kehrt durch die *Nabelvene* zurück, um in der Lunge der Mutter frischen Sauerstoff aufzunehmen.

Der *Urachus* ist mit der Blase des Fohlens verbunden, entfernt den Urin und bringt ihn in eine der beiden Fruchtblasen, welche das Fohlen umgeben und es gegen Schaden abpolstern.

Wenn die Stute abzufohlen beginnt, kontrahiert sich der Uterus, wodurch die sogenannten »Wehen« auftreten. Die Kontraktionen drängen die Fruchtblasen gegen den Muttermund oder Eingang der Gebärmutter und bewirken, daß sich dieser öffnet. Die anhaltenden Wehen pressen sodann die Blasen durch die Scheide (fast wie eine sehr weiche hydraulische Ramme), wobei die Geburtswege eröffnet werden und genügend Raum freigeben für den Durchgang des Fohlens.

Zuerst zeigt sich ein mit Flüssigkeit gefüllter Ballon zwischen den Schamlippen. Bei Austritt platzt er, und eine reichliche Menge an Flüssigkeit fließt ab. Im Normalfall erscheinen jetzt die Vorderbeine des Fohlens mit dem daraufliegenden Kopf. In dieser Phase sind die Wehen sehr stark, und die Geburt geht rasch voran. Das Fohlen ist dabei in der Fruchtblase eingeschlossen. Platzt diese nicht auf, muß sie sofort nach der Geburt mit den Fingern aufgerissen werden. Falls das Fohlen nicht atmet, hebt man es an den Hinterbeinen hoch, damit der Schleim aus den Nasenlöchern herausfließen kann. Als

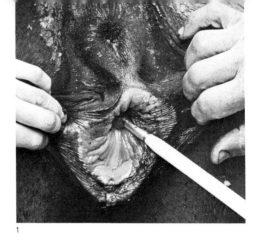

1

weitere Anregung der Atmung dient ein Eimer kaltes Wasser über Kopf und Brust, Kitzeln in den Nüstern mit einem Strohhalm oder aber Einblasen von Luft ins Maul. Die künstliche Beatmung erfolgt genau nach demselben Prinzip wie beim Menschen.

Geht die Geburt nicht planmäßig weiter, muß man den Tierarzt holen. Falls dieser nicht bald kommen kann und Kopf und Vorderbeine oder die beiden Hinterbeine bereits da sind, kann man vorsichtig Hilfe leisten. Man bindet saubere Perlonstricke oder die nicht einschneidenden Perlonstrümpfe um die Fesseln und zieht in Richtung nach unten jeweils abwechselnd an einem Bein. Nur so gleitet der Schultergürtel oder das Becken des Fohlens *schräg* durch die Enge des mütterlichen Beckens. Ist nur ein Fuß zu sehen, sucht man mit sauberer Hand bei der *stehenden* Stute vorsichtig in der Scheide nach dem zweiten Fuß. Kann man nicht schnell und ohne Gewaltanwendung den Fuß in die richtige Richtung bringen, lieber auf den Tierarzt warten. In der Zwischenzeit die Stute nicht liegen lassen, sondern langsam führen.

Scheidenverletzungen müssen chirurgisch versorgt werden, oberflächliche Blutungen kann der Tierarzt kauterisieren (durch Hitze verschorfen) oder vereisen (1).

Nach der Geburt

Nachdem das Fohlen vollständig herausgekommen ist, ist es gewöhnlich noch durch den Nabelstrang mit der Mutter verbunden. *Beeilen Sie sich nicht, diesen zu zerreißen oder abzuschneiden.* Die Natur sorgt dafür, daß das Blut von der Plazenta und dem Nabelstrang zum Fohlen abfließt. Nach einer gewissen Dauer wird die Stute aufstehen, oder das Fohlen wird unruhig werden, der Strang wird sich strecken und reißen, wie die Natur dies vorgesehen hat. Einige Leute binden den Nabelstrang ab und schneiden ihn dann durch. Zuerst Nabel mit Jodtinktur an-

2

streichen und dann mit einer sterilen Mullbinde abbinden. Ich ziehe es vor, den Nabelstrang auf natürliche Weise abreißen zu lassen. Es ist jedoch eine weise Vorsichtsmaßnahme, den Teil des Stranges, der am Fohlen bleibt, mit Jodtinktur oder einem Spray zu behandeln, um eine Infektion zu verhüten.

Das Fohlen sollte innerhalb einer Stunde auf den Beinen sein und zu saugen beginnen. Bei den ersten Aufstehversuchen wird es sich zuerst öfters halbwegs erheben und wieder umfallen: Es ist besser, dem Fohlen beim Aufstehen *nicht* zu helfen. Dieser Energieaufwand ist gut für das Fohlen, und jeder einzelne Versuch stärkt es. Man soll es selbst aufstehen lassen und dann zum Euter der Mutter führen (obschon dies nicht nötig wäre), und man kontrolliere dabei, ob es saugt. Fohlen, welche im Freien ohne irgendwelchen Beistand geboren werden, gelangen dadurch selten ins Hintertreffen. Ein Beweis dafür, daß menschliche Hilfe meist nicht notwendig ist (2).

Stutenmilch und deren Ersatz

Die erste Milch, die Kolostralmilch, ist für das Fohlen lebenswichtig. Sie enthält Schutzstoffe gegen Infektionen und muß dem Jungtier möglichst bald zugeführt werden. Manchmal ist das Euter zu stramm, dann muß man es abmelken und notfalls das Fohlen mit der Flasche füttern. Ist durch Tod der Stute keine Muttermilch vorhanden, gibt es heute eine Reihe von Milchpulverarten speziell für die Fohlenaufzucht. Stutenmilch enthält rund $1/3$ weniger Eiweiß als Kuhmilch und knapp die Hälfte Fett, dafür etwa $1/3$ mehr Milchzucker. In den ersten Lebenswochen soll man daher Kuhmilch verdünnen und mit Milch- oder Traubenzucker anreichern. Wichtig ist ein Zusatz von etwa 50 000 I.E. Vitamin A pro Tag. Ein bewährtes Rezept ist: 7 Teile entrahmte Kuhmilch (2% Fett), 1 Teil Kalkwasser (eine Handvoll Kalk in einem Eimer Wasser sich setzen lassen), 1 Eßlöffel Traubenzucker und 3 Tropfen Lebertran pro Liter. Man füttert 200 ml pro

Mahlzeit, in den ersten Tagen alle 2 Stunden, später sechsmal in 24 Stunden bis zu 1 Liter pro Mahlzeit.
Nimmt man einen Milchaustauscher für Zuchtkälber, fügt man 100 g pro Liter Wasser 10 g Traubenzucker zu. Hat man eine geeignete Milchkuh zur Verfügung, kann man sie nach den ersten kritischen Tagen als Amme für das Fohlen verwenden. Damit ist auch das Problem des Weidegangs gelöst, denn kein Fohlen bleibt auf der Weide allein.
Fohlen bei Fuß brauchen etwa ab der fünften Woche Zusatzfutter zur Muttermilch. Entweder sie gehen auf eine gute Weide, oder man gibt Fohlenstarter und Quetschhafer aus einer für die Stute nicht zugänglichen, kleinen Krippe. Mutterlose Fohlen fressen schon ab der dritten Woche Zusatzfutter und etwas Heu. Man kann ihnen auch Kraftfuttermischungen von Quetschhafer, Weizenkleie, Trockenmagermilch, Grünmehl und Leinsamenextraktionsschrot zusammen mit einem Mineralfuttergemisch geben etwa von der Art, wie es Hochleistungspferde erhalten. Einwandfreies Trinkwasser muß jederzeit zur Verfügung stehen.

Nicht nur der Verlust der Stute, sondern auch deren Erkrankung können durch den daraus entstehenden Milchmangel zur Zufütterung des Fohlens zwingen. Neben Verdauungsstörungen führen vor allem fieberhaft verlaufende Infektionen schnell zum Versiegen der Milch. Euterentzündungen sind verhältnismäßig selten, häufiger sind Entzündungen der Gebärmutter im Anschluß an Schwergeburten oder einen verzögerten Abgang der Nachgeburt. Es kommt dabei zu Fieber und Ausfluß aus der Scheide. Möglichst rasche und durchgreifende Behandlung ist erforderlich, es kann sonst eine chronische Gebärmutterentzündung entstehen. Solche Stuten erkennt man an durch einen gelblichen Ausfluß verklebten Schweifhaaren. Selbstverständlich nimmt eine derartige Stute nicht auf, eine Behandlung ist jedoch auch dann notwendig, wenn man nicht züchten will.

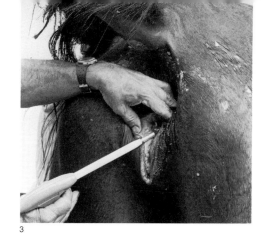

3

Ansteckende Gebärmutterentzündung

Diese auch »kontagiöse equine Metritis« (CEM) genannte, meldepflichtige Deckinfektion hat sich im letzten Jahrzehnt ausgebreitet.

Ursache
Eine gramnegative Kokke, die Ähnlichkeit mit dem Erreger der Gonokokkeninfektion des Menschen hat.

Ansteckung
Stuten stecken sich beim Decken durch den Hengst an. Eine Übertragung der Infektion durch Kontakt von Pferd zu Pferd und durch Putzzeug ist ebenfalls möglich.

Krankheitserscheinung
Schleimig-eitriger Scheidenausfluß (3), der 24-48 Stunden nach dem Decken auftritt. Nicht jede angesteckte Stute zeigt Entzündungserscheinungen, infizierte Stuten nehmen jedoch nicht auf.

Behandlung
Bei der *Stute* Gebärmutterinfusionen mit einem Breitspektrum-Antibiotikum für die Dauer von drei bis fünf Tagen, kombiniert mit Injektionen des gleichen Medikamentes.
Beim *Hengst* soll fünf Tage täglich der ausgeschachtete Schlauch sorgfältig mit einer Lösung von Chlorhexidin gewaschen und mit einer Nitrofurazonsalbe eingerieben werden.

Vorbeugung
Routinemäßige Untersuchung der Stuten mittels Zervixtupferproben und Scheidenabstrichen. Verwendung von durch einen Probesprung nachgewiesen gesunden Hengsten. Durch den Einsatz der künstlichen Besamung wird die Seuche vermutlich mit der Zeit erlöschen.

Fohlenkrankheiten

Hämolytische Krankheit

Sie beruht auf Unvereinbarkeit der Blutgruppen von Hengst und Stute und befällt ab der vierten Trächtigkeit das neugeborene Fohlen, dessen rote Blutkörperchen sich durch die in der Kolostralmilch enthaltenen Antikörper zersetzen.

Krankheitserscheinung

Das bei der Geburt gesunde Fohlen zeigt frühestens nach acht Stunden bis zu drei Tagen Saugunlust, zunehmende Schwäche, nach weiteren 24 Stunden Gelbsucht und einen deutlich spürbaren beschleunigten Herzschlag. Erkrankt das Fohlen recht früh, besteht wenig Aussicht; langsamer verlaufende Fälle können ausheilen, wenn jede Aufregung vermieden wird.

Behandlung

Sie besteht in Blutentzug mit nachfolgender Übertragung von gewaschenem Mutterblut, Behandlung der Herzschwäche, einem warmen Stall und absoluter Ruhe.

Vorbeugung

Durch Blutgruppenuntersuchung von Hengst und Stute kann die Gefährdung vor der Geburt erkannt werden. Das Fohlen darf dann in den ersten drei Tagen keine Muttermilch bekommen, sondern muß mit der Kolostralmilch einer anderen Stute (evtl. eingefroren) ernährt werden.

Darmpechverhaltung (Verstopfung)

Im Darm des Fohlens befindet sich eine dunkelbraune oder fast schwarze Masse (Kot). Diese wird als Darmpech bezeichnet, und es ist sehr wichtig, daß dieses Darmpech so schnell wie möglich abgeht. Wenn es innerhalb von sechs bis acht Stunden nicht abgegangen ist, kann man nachhelfen, indem man ein Paraffinöl-Klistier verabreicht (1).

Man kann auch eine milde, körperwarme Seifenlösung mit Zusatz von je 2 Eßlöffeln Glyzerin pro Liter für den Einlauf verwenden. Paraffinöl eignet sich auch in einer

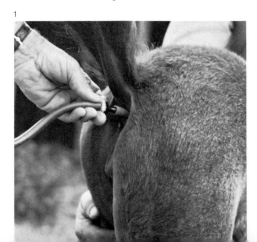

1

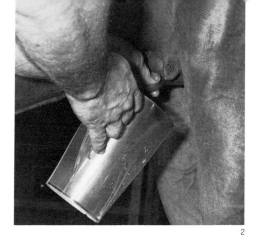

Dosis von 100 g zum Eingeben, das Klistier wirkt jedoch schneller. Eile ist notwendig, sonst kommt es zu kolikartigen Schmerzen, die zum Tod führen können. Deshalb rechtzeitig den Tierarzt holen.

Durchfall (nicht infektiös)

Während der ersten Lebenstage kann das Fohlen Durchfall bekommen. Entweder enthält die Muttermilch zuviel Kolostrum-Körperchen, oder die Stute hat mit dem Futter schädliche Stoffe aufgenommen. Durchfallauslösend sind zu üppiges Grünfutter, schimmeliges Stroh oder muffiges Heu. Man läßt das Fohlen einen bis zwei Tage nicht saugen, sondern füttert es alle vier Stunden zuerst mit Kamillentee und dann mit gesüßter, verdünnter Kuhmilch. Die Stute wird während dieser Zeit knapp mit Heu gefüttert und mit der Hand gemolken (2). Bei wertvollen Fohlen kann der Tierarzt die Milch mit einer Nasenschlundsonde eingeben (3), wenn es nicht aus der Flasche trinken will.

Jedes Fohlen mit Durchfall sollte einen Vitaminstoß mit 1 Mio. I.E. wässerigem Vitamin A erhalten. Auch Injektionen mit Vitamin-B-Komplex sind von Nutzen.
Fohlen bekommen oft am zehnten Tag Durchfall, wenn dann die Stute roßt. Ist sie durch das Decken längere Zeit vom Fohlen getrennt, muß man die Milch vor dem Saugen abmelken.

Infektiöser Durchfall – bakteriell bedingter Darmkatarrh

Auch später kann wieder Durchfall auftreten. Wenn dies der Fall ist, beruht das meistens auf einer Darminfektion, vielleicht zusätzlich zu der ursprünglichen, durch die Kost bewirkten Störung.
Solche Fälle erfordern die sofortige fachmännische Hilfe des Tierarztes, da bakteriell bedingter Darmkatarrh beim Fohlen eine sehr ernste Sache ist.
Gewöhnlich läßt der Tierarzt das Fohlen bei der Stute, macht ihm aber antibiotische Einspritzungen (4). Außerdem wird

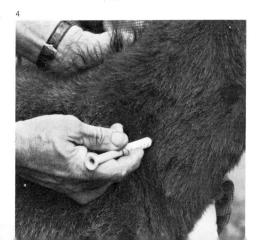

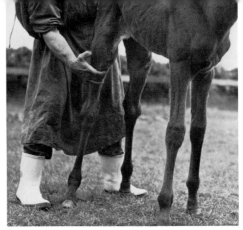

der Tierarzt Durchfallmittel eingeben lassen (5). Bewährt hat sich Bolus alba (Heilerde oder Kaolin), vermischt mit gekochter Milch.
Wichtig gegen die durchfallbedingte Austrocknung ist die Zufuhr von Flüssigkeit. Der Tierarzt wird Elektrolytlösung unter die Haut spritzen und eine 0,5%ige Salz-Tee-Mischung eingeben.

Harnschnur- oder Urachusfistel

Der Urachus ist die Verbindung zwischen der Blase des Fötus und der Eihaut, die den Harn aufnimmt. Wenn nach der Geburt des Fohlens diese Verbindung nicht verkümmert, entsteht eine Fistel, durch die Harn aus dem Nabel tröpfelt. – Die Behandlung erfolgt chirurgisch und ist meistens erfolgreich. Der Veterinär sollte umgehend gerufen werden, da immer die Gefahr einer Infektion besteht, weil die Bakterien durch den offenen Urachus hinaufwandern und eine Blasenentzündung (Cystitis) hervorrufen können.

Fohlenlähme

Unter diesen Begriff fallen die *Fohlenfrühlähme* und die eigentliche *Fohlenlähme*, die erst in der zweiten Lebenswoche auftritt. Bei beiden Krankheiten erfolgt die Infektion mit Eitererregern durch den Nabel, in selteneren Fällen über das Maul.

Krankheitserscheinung

Bei der *Frühlähme* werden die Infektionserreger nicht im Nabel abgefangen, sondern gelangen sofort in die Blutbahn, überschwemmen den Organismus und verursachen häufig eine innerhalb von Tagen tödliche Blutvergiftung. Charakteristisch sind ausgeprägte Mattigkeit mit Verharren in steifer Haltung oder Festliegen; Gelenkschwellungen mit Lahmheit treten bei den Fällen auf, die die ersten Krankheitstage überleben.
Bei der klassischen Fohlenlähme zeigen sich neben Schmerzempfindlichkeit am Nabel Wärme, Schmerz und Schwellung (6 + 7) an einem oder mehreren Gelen-

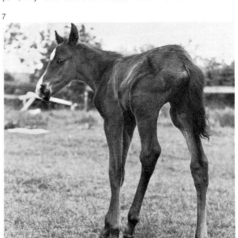

ken. Hierbei sind Mattigkeit und beschleunigte Atmung zu Beginn der Erkrankung noch nicht so ausgeprägt wie bei der Frühlähme.

Behandlung
Injektionen von Antibiotika (8), meist kombiniert mit Sulfonamiden. Zusätzlich sind Umschläge, Lehmpackungen oder Salbenbehandlung der entzündeten Gelenke angezeigt. Das Wichtigste ist ein möglichst rasches Hinzuziehen des Tierarztes. Grundsätzlich muß bei jedem lahmen Fohlen die Körpertemperatur gemessen werden! Bei über 39,5°C besteht der Verdacht auf Fohlenlähme.

Vorbeugung, Nabelversorgung
Überaus wichtig sind Sauberkeit beim Abfohlen und sorgfältige Nabelversorgung. Nach Möglichkeit soll man den Nabel nicht anfassen und nur im Notfall abbinden (s. S. 24 f.). In den ersten Lebenstagen kontrolliert man täglich, ob der Nabelstumpf auch richtig eintrocknet, sonst erneuert man den Jodanstrich oder benutzt einen Antibiotikum-Spray, den es beim Tierarzt gibt.

Durch regelmäßige Nabelkontrolle verhindert man Nabelentzündungen, die nicht nur zu Fohlenlähme, sondern auch zu Abszessen unter der Bauchhaut oder in der Leber führen können.

Ob Impfungen der Mutterstuten mit Streptokokken-Vakzine sinnvoll sind, muß von Fall zu Fall entschieden werden und hängt vom Ergebnis bakteriologischer und möglichst auch virologischer Untersuchungen eines verendeten Fohlens ab. Es gibt neben Streptokokken eine ganze Reihe von Krankheitserregern, die Frühgeburten, Lebensschwäche und Frühsterblichkeit auslösen können. Neben der Impfung der tragenden Stuten gegen Virusabort bzw. Rhinopneumonitis (s. S. 116) kommen auch stallspezifische Impfstoffe in Frage.

Für das Fohlen ist die rechtzeitige (spätestens drei Stunden nach der Geburt) und ausreichende Versorgung mit Kolostral-

milch der beste Schutz. Notfalls gibt man Biestmilch einer anderen Stute oder aufgetaute eingefrorene Biestmilch.
Bewährt haben sich Injektionen mit 200 ml frischem Mutterblut oder – bei gefährdeten Fohlen – von intravenös gegebenem Plasma der Mutterstute. Die vorbeugende Injektion von Langzeitpenizillin sofort nach der Geburt und am fünften Lebenstag ist nicht mehr unumstritten. Auch bei kleinsten Verletzungen sollte Tetanus-Serum gespritzt werden. Es schützt rund zehn Wochen.

Rachitis

Rachitis, auch »Englische Krankheit« genannt, ist eine Stoffwechselstörung, die bei Pferden in den ersten drei Lebensjahren auftritt. Meistens erkranken jedoch Fohlen zwischen sechs und zwölf Monaten (1).
Die Störung betrifft überwiegend die Endabschnitte der Röhrenknochen, die krankhafte Verdickungen bilden. Dies kann zu Gelenkentzündungen führen, wenn die Erkrankung nicht rechtzeitig behandelt wird (2).

Ursache

Rachitis ist die Folge einer gestörten Leberfunktion. Dieses Organ stellt sozusagen eine Fabrik dar, in der die einfachen Stoffe, die durch die Verdauung aus der Nahrung aufgenommen werden, zu komplizierten chemischen Verbindungen aufbereitet und mit dem Blutstrom an die einzelnen Körperteile abgegeben werden. Auf diese Weise werden Muskeln, Nerven, Organe und unter anderem auch die Knochen mit Energie und Baustoffen ver-

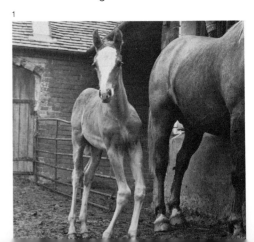

1

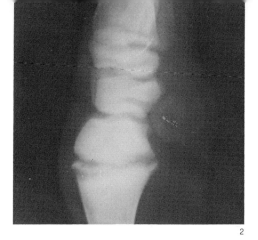

2

sorgt. Dazu gehören auch die Mineralstoffe und Vitamine. Zuwenig Vitamin D und ein falsches Mengenverhältnis zwischen Calcium und Phosphor oder Phosphormangel verursachen Rachitis. Verstärkt werden die Mangelschäden durch dunkle Stallungen, bei Sonnenlicht bildet der Körper selber Vitamin D.

Behandlung
Zuführung von Vitamin D, kombiniert mit Vitamin A. Ausgeglichene, phosphor- und eiweißreiche Fütterung unter Zusatz einer für Pferde geeigneten Mineralstoffmischung. Überdosierung von Vitamin D ist schädlich – den Rat des Tierarztes beachten!

Vorbeugung
Ausreichende Fütterung der tragenden Stute und rechtzeitige Zufütterung des Fohlens.

Vitaminversorgung

Vitamin A fehlt oft bei Pferden, besonders wenn sie viel Hafer ohne ausreichende Heufütterung bekommen. In Getreide ist kaum Vitamin A vorhanden, überdies kann die in Hafer enthaltene Phytinsäure den Calciumstoffwechsel beeinträchtigen.
Fehlendes Vitamin A verursacht struppiges Fell, beeinträchtigt die Fruchtbarkeit und schädigt die Augen und Schleimhäute. Dadurch sind die Tiere anfällig für Infektionskrankheiten. Ebenso wichtig ist Carotin, es ist enthalten in Karotten oder Möhren, die man zum Ausgleich vor allem im Winter füttern sollte. Vitamin C brauchen Pferde nicht, eine zusätzliche Verabreichung hat nur bei intensiv gearbeiteten Sportpferden Sinn.
Mineralstoffmangel ist oft die Ursache von Knabbern an Holz oder Rinde. Es kann dann Phosphor fehlen. In gutem Heu, an dem man nie sparen darf, ist es ausreichend vorhanden.

Für die Fohlenaufzucht empfiehlt sich die Zufütterung eines vitaminisierten Fertigfutters, 1-2 kg täglich je nach Alter. Im allgemeinen wird pro Lebensmonat ein Pfund Kraftfutter zugelegt. Stellt man die Kraftfuttermischung selbst zusammen, darf man den Zusatz von Mineralstoffen nicht vergessen. Praktisch ist auch ein Mineralleckstein.

Kleie enthält viel Phosphor; mangelt es an ausreichender Weide, sind täglich 1-2 kg Mash (s. S. 60 f.) empfehlenswert.

Bei sehr eiweißreich gefütterten Fohlen kann es durch Fehlen des Spurenelements Selen zu Veränderungen in der Muskulatur kommen. Meist liegt auch ein Mangel an Vitamin E dabei vor. Diese sogenannte Weißfleischigkeit verursacht steife Bewegungen und führt mit der Zeit zum Festliegen. Bei diesen Fohlen ist der Harn oft auffallend dunkel. Die Behandlung besteht in Zufuhr von Selen und Vitamin E.

Kastration

Über das beste Alter für die Kastration gehen die Meinungen weit auseinander. Einige Tierärzte kastrieren heute schon Fohlen.

Es besteht jedoch kein Zweifel darüber, daß die Beibehaltung der Hoden wenigstens während einiger Zeit dem männlichen Pferd für die Entwicklung des Gebäudes und des Temperaments von Nutzen ist. Demnach ist es vielleicht am besten, mit der Entscheidung über den Zeitpunkt der Operation abzuwarten, bis der junge Hengst »lästig« wird. Er kann dann ein Jährling, zweijährig oder dreijährig sein.

Bei später Kastration bildet sich nicht nur ein Halskamm, auch das Längenwachstum der Röhrenknochen ist früher beendet und der Hengstcharakter ausgeprägter.

Technik der Kastration

Es gibt verschiedene Methoden, von denen jede ihre Vor- und Nachteile hat. Die

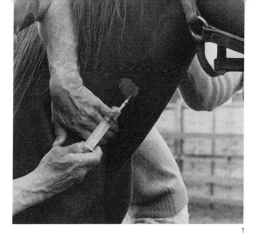

Kastration im Stehen geht bei einem geübten Operateur sehr rasch, allerdings muß man die Wirkung der Beruhigungsspritze abwarten.

Für die Kastration im Liegen gibt es jetzt Medikamente, die bei intravenöser Anwendung (1) innerhalb kürzester Zeit wirken und ein gefahrloses Niederlegen ermöglichen. Beim liegenden Pferd kann das Absetzen der Hoden oberhalb der Nebenhoden mit größerer Sicherheit erfolgen, und es geht ohne die beherzte Hilfskraft, die beim stehenden Pferd den Kopf halten muß.

Festhalten des Pferdes

Für die Operation benötigt man eine Nasenbremse und eventuell noch Scheuklappen oder ein Tuch zum Verbinden der Augen (2). Zum Niederlegen wird im allgemeinen ein Wurfzeug benutzt. Falls die Operation nicht auf einer Wiese stattfinden kann, sollte man als Unterlage ein paar Ballen Stroh bereithalten.

Injektion gegen Starrkrampf

Wenn der Hengst nicht entsprechend rechtzeitig aktiv gegen Starrkrampf geimpft worden ist, muß er bei der Kastration unbedingt Tetanus-Serum bekommen. Bei der Kastration mit Kluppen ist die zusätzliche Injektion mit Serum auch bei einem tetanusgeimpften Pferd zu empfehlen.

Betäubung

Zusätzlich zu dem Beruhigungsmittel wird bei der Kastration im Stehen ein örtliches Betäubungsmittel in die Haut und die Hoden gespritzt. Beim liegenden Pferd wird der Tierarzt von Fall zu Fall entscheiden, ob zusätzlich eine örtliche Betäubung notwendig ist.

Die Operation

Die Haut über den Hoden wird mit einem scharfen Skalpell (3) durchschnitten und

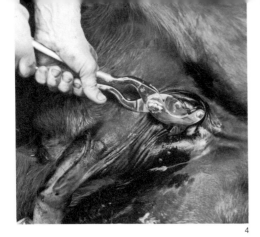

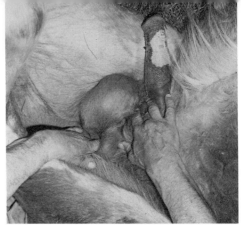

dann jeweils ein Samenstrang mit einem Emaskulator (4) oder einem Ekraseur unter Quetschen abgetrennt. Dadurch werden Blutungen weitgehend vermieden. Die Wunde bleibt offen und wird mit einem desinfizierenden Puder oder Spray versorgt.

Mögliche Komplikationen

Bei der normalen Kastration wird der Nebenhoden (5) vollständig entfernt. Beläßt man dieses kleine weiße Gebilde, in dem der Samen gespeichert wird, im Pferd, behält dieses etwas mehr Hengstcharakter. Man nennt diese Methode »stolz kastrieren« und wendet sie häufig bei Zirkuspferden an.

Normalerweise sollte nach einer Kastration keine Nachbehandlung erforderlich sein. Schwellungen im Bereich von Hoden und Schlauch sind unvermeidlich, jedoch harmlos, solange das Pferd frißt. Verweigert es allerdings das Futter, muß man, ebenso wie bei Nachblutungen, sofort den Tierarzt rufen. Im Samenstrangstumpf kann ein Knoten durch Infektion mit Staphylokokken entstehen. Die Behandlung erfolgt chirurgisch oder mit Antibiotika.

Leistenbruch

Beim Leistenbruch tritt ein Darmabschnitt durch den Leistenkanal in den Hodensack, der dadurch zeitweilig vergrößert ist (6). Ein solcher Hengst sollte als Jährling kastriert werden, damit es nicht erst zu einer Kolik durch das Einklemmen einer Darmschlinge kommt.

Bruchfohlen werden unter Vollnarkose im Liegen operiert. Der Bruchsack wird bis zum Leistenring freipräpariert, der Bruchinhalt in die Bauchhöhle zurückgedrückt und dann der Bruchsack mit einer Kluppe verschlossen (7). Der Hoden wird abgesetzt, die Kluppe bleibt liegen. Sie fällt meistens innerhalb von drei Wochen von selber ab. Die Operation ist fast immer erfolgreich.

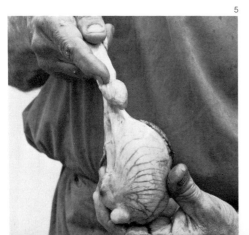

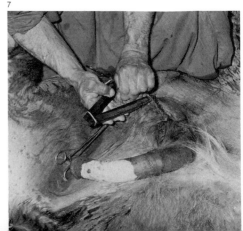

Nabelbruch

Bei manchen Fohlen entwickelt sich eine bis zwei Wochen nach der Geburt ein Bruchsack (1) in der Nabelgegend. Im Gegensatz zum Nabelabszeß kann man beim Nabelbruch den Inhalt in die Bauchhöhle zurückdrücken.
Die Anlage zum Bruch ist erblich. Solche Fohlen sollen gegen Ende des ersten Lebensjahres operiert werden. Einreibungen des Bruchsackes haben wenig Sinn; Injektionen von Alkohol oder bindegewebsanregenden Mitteln zwischen innerem und äußerem Bruchsack sind nur dann erfolgreich, wenn die Bruchpforte sehr klein ist.
Die Operation kann auf verschiedene Art und Weise erfolgen, immer muß das Fohlen jedoch betäubt und auf den Rücken gelegt werden.
Wenn der Bruch sehr groß ist und die Gefahr besteht, daß der Darmabschnitt sich einklemmt, soll man mit der Operation nicht zögern. Sie erfordert allerdings einige Erfahrung, damit es nicht zu einem erneuten Durchbruch kommt.

Der »Klopphengst« (Kryptorchide)

Ein Klopphengst ist ein männliches Pferd, das einen Hoden in der Bauchhöhle oder im Leistenkanal – im Kanal, der von den Hodensäcken ins Innere des Bauches führt – behalten hat.

Anzeichen
Ein Klopphengst verhält sich wie ein Hengst und kann sehr lästig werden, vor allem dann, wenn Stuten in der Nähe sind. Er ist schwierig zu beherrschen und oft nicht leicht zu reiten.

Diagnose und Behandlung
In einem solchen Fall muß der Tierarzt eingreifen. Er wird eine Blutprobe von dem vermutlichen Klopphengst entnehmen und anschließend eine große Dosis Gelbkörperhormon einspritzen, ca. 6000 I.E. Eine halbe Stunde später wird wieder eine Blutprobe entnommen, und dann werden beide an eine tierärztliche Untersuchungsanstalt geschickt. Dort wird das Blut auf das Vorhandensein von männlichem Geschlechtshormon untersucht.

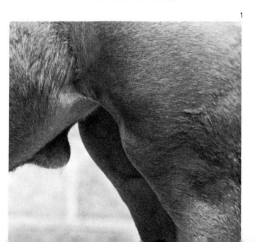

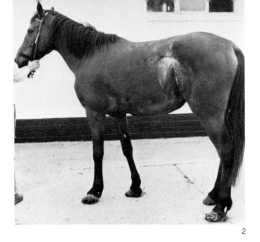

Im positiven Fall handelt es sich um einen Hengst, bei dem im Liegen nach Kastrationsnarben gesucht werden muß. Ist nur eine Narbe vorhanden, bestätigt das den Verdacht der unvollständigen Kastration. Die Operation selbst erfolgt nach zweitägigem Hungernlassen. Günstigenfalls liegt der gesuchte Hoden im Leistenkanal und kann ohne besondere Schwierigkeiten entfernt werden. Ist er nicht zu finden, muß entweder die Bauchhöhle in der Flanke geöffnet werden (1, S. 37, + 2), oder der Operateur muß durch den Leistenkanal eindringen.

Wenn beide Hoden in der Bauchhöhle sind, kann auch von einem Medianschnitt aus operiert werden.

Manchmal ist der Hoden zystisch entartet oder verkümmert (3). Fast immer verschwinden jedoch die Hengstmanieren nach der Operation. Die verhältnismäßig hohen Kosten sind also gerechtfertigt.

Nymphomanie

Hierbei handelt es sich um eine hormonelle Störung als Folge einer zystischen Entartung an einem oder beiden Eierstöcken.

Krankheitserscheinung

Eine nymphomane Stute kann noch gefährlicher beim Umgang oder Reiten als ein Klopphengst sein. In fortgeschrittenen Fällen geht die anfänglich unregelmäßige Rosse in einen Zustand ständiger sexueller Erregung über. Solche Stuten sind nicht nur kitzlig, sondern unberechenbar und oft bösartig.

Bei Stuten, die ungewöhnlich lange rossig oder schwierig im Temperament sind, empfiehlt sich eine Untersuchung der Eierstöcke durch den Tierarzt.

Behandlung

Soll die Stute zur Zucht benutzt werden, kann man versuchen, entartete Eierstöcke hormonell zu behandeln. Die Stuten werden dadurch zwar meist ruhiger, nehmen jedoch häufig trotzdem nicht auf. Dies gilt

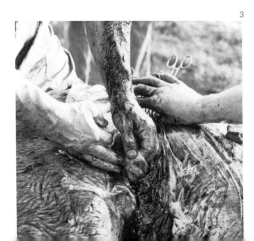

ganz besonders für Eierstockveränderungen, die schon mehr als zwei Monate bestehen.
Manchmal gelingt es, durch Entfernung eines zystischen Eierstocks eine Trächtigkeit zu erzielen. Bei ausgesprochener Nymphomanie ist die chirurgische Entfernung der Eierstöcke (1) nur dann ein voller Erfolg, wenn die Störungen ursächlich von den Zysten bedingt sind und nicht von Veränderungen der Nebennierenrinde ausgehen oder rein nervöser Natur sind.
Die Operation ist nicht ganz einfach. Sie kann nach mehrtägigem Hungern im Stehen oder am liegenden Pferd vorgenommen werden. Die Stute wird dabei in Vollnarkose im Becken hochgelagert. Mit einem Spezialmesser (2) wird die Scheidenwand durchstoßen und der Eierstock mit einem langgesteilten Ekraseur (3) abgequetscht. Eine Nachbehandlung ist nicht erforderlich.

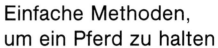

Einfache Methoden, um ein Pferd zu halten

Pferde und Ponys sind Kindern nicht unähnlich – sie lieben es, ihren eigenen Kopf durchzusetzen, und gehorchen gewöhnlich nicht, wenn man ihnen immer alles erlaubt.
Es gibt vier einfache Methoden, um ein Pferd zu halten, die entweder einzeln oder miteinander angewendet werden und gewöhnlich genügen.

Ein Vorderbein aufheben

Wenn das Pferd auf drei Beinen steht, wird es normalerweise nicht schlagen (1).
Bei unruhigen Pferden oder mangels einer Hilfskraft kann das Vorderbein auch mit einer Longe oder einem dicken Strick, den man an der Fessel befestigt und über die Schulter führt, von der anderen Seite aus hochgehoben werden. Bei ausgesprochenen Schlägern kann man das Vorderbein auch hochbinden, entweder mit einem Doppelriemen oder einem weichen Strick, der in Achtertouren die Fessel am Unterarm festbindet. In Notfällen bleibt

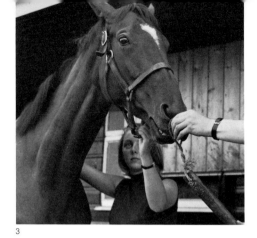

noch das Ausbinden der Hinterhand. Ein Strick wird in Höhe der Schultern um den Hals gebunden. Das freie Strickende zieht man zwischen den Vorderbeinen durch und über die Fesselbeuge der Hinterhand. Das Strickende behält eine an der Seite des Pferdes stehende Hilfskraft in der Hand. Vorsicht, die empfindliche Haut der Fesselbeuge kann aufgescheuert werden, wenn das Pferd zu heftig in den Strick schlägt! Diese Zwangsmaßnahmen nur im Freien und nur in Notfällen anwenden. Sonst ist es besser, wenn das meist nur verängstigte Tier eine Beruhigungsspritze bekommt.

Den Schweif halten

Wenn man ein Hinterbein untersuchen muß: Das Pferd wird selten ausschlagen, wenn der Schweif fest nach unten, nach oben oder nach einer Seite gehalten wird (2). Nebenbei bemerkt: Je dichter man am Pferd steht, um so weniger kann passieren.

Nasenbremse anlegen

In der Regel ist diese nur bei schmerzhaften Eingriffen erforderlich wie z. B. Injektionen. Eine Schlinge wird über die Ober- oder Unterlippe gestreift und mit einem Stöckchen festgedreht (3). Im Notfall geht das auch möglichst tief am Ohrgrund. Hier besteht jedoch die Gefahr einer bleibenden Schädigung.

Augen verbinden

Nach meiner Erfahrung ist das eine der wertvollsten Methoden, um ein Pferd zu halten, besonders wenn das Tier im Freien behandelt werden muß. Irgendeine improvisierte Augenbinde genügt, z. B. ein Handtuch (4), ein Pullover, eine Jacke oder ein Sack. Auch beim Verladen von aufgeregten Pferden ist das Verbinden der Augen sehr nützlich. Ein Pferd wird nur in den seltensten Fällen ausschlagen, wenn es nichts sieht.

Stallapotheke

In den meisten Stallapotheken liegen zu viele Medikamente herum, um im Notfall rasch Verbandzeug für die Erste Hilfe zu finden. Man sollte zu diesem Zweck eine nicht zu große Schachtel mit folgendem Inhalt griffbereit haben:

1. Ein mildes Desinfektionsmittel wie z. B. Rivanol (notfalls Tierarzt fragen);
2. eine Rolle sterile Gaze;
3. eine breite Rolle Watte;
4. ein halbes Dutzend Mullbinden, 8 bis 10 cm breit, und einige elastische Binden; sehr praktisch sind die modernen elastischen Mehrzweckbinden (3-Meter-Binden);
5. ein Sulfonamid-Wundpuder (gibt es beim Tierarzt).

Neben dieser Grundausstattung sollten in jedem Pferdestall ein Fieberthermometer, eine Hufzange, zwei Hufmesser, Hufpflegemittel, Holzteer, Schlauch und Irrigator sowie eine Nasenbremse griffbereit liegen.

Verletzungen

Erste Hilfe bei Verletzungen

Ein Pferd verletzt sich am häufigsten an den Beinen. Bei grober Verschmutzung werden Wunden zunächst gereinigt, notfalls eine spritzende Blutung gestillt (s. »Blutung« S. 46) und dann mit Sulfonamid bepuderte Gaze aufgelegt. Anschließend umwickelt man das Bein mit einer Lage Watte (1) und verbindet das Ganze mit einer nicht zu schmalen elastischen Binde (2). Niemals Watte direkt auf eine Wunde legen, und, falls der Tierarzt nicht gleich kommt, niemals einen Beinverband mit einer elastischen Binde unkontrolliert darauflassen. Es könnte zu Schwellungen kommen und der Blutfluß abgeschnürt werden. Im übrigen heilen Wunden ohne Verband am schnellsten – also möglichst keinen Verband und keine scharfen Desinfektionsmittel aufbringen.

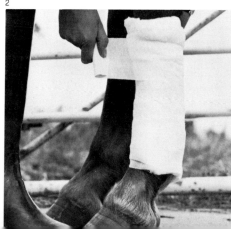

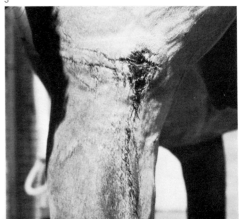

Wunden

Es gibt drei Arten von Wunden: Schnitte, Risse und Stichwunden.
Schnitte entstehen außer bei Operationen durch scharfes Blech oder Glasscherben. Typische Rißwunden werden durch Stacheldraht verursacht (1 + 2). Stichwunden werden durch Pfähle, Äste oder durch eingetretene Nägel verursacht.
Bei *Schnittwunden* sind die Blutgefäße – entweder Arterien oder Venen oder beide – glatt durchgeschnitten, und die dadurch entstehende Blutung ist sehr heftig.
Bei *Rissen* werden die Blutgefäße gezerrt und gedehnt, und es gibt praktisch keine Blutung. Weil die Wände der Venen und Arterien elastisch sind, werden sich die Enden wieder zusammenziehen und so einen natürlichen Verschluß bilden.
Das gleiche gilt gewöhnlich für *Stichwunden*; geht jedoch der Einstich direkt durch ein großes Gefäß, kann die sich ergebende Blutung lebensgefährlich werden.
Bei Verkehrsunfällen kommt es häufig zu Platzwunden mit umfangreichen Quetschungen der Muskulatur. Muskelrisse erkennt man an der sofort eintretenden schweren Lahmheit. Blutergüsse zeigen sich als Schwellung innerhalb von Stunden.

Behandlung

Bei allen Wunden wird zunächst jede stärkere oder spritzende Blutung versorgt (s. »Blutung« S. 46). Verschmutzte Wunden werden sodann mit warmem Wasser unter Zusatz eines milden Desinfektionsmittels vorsichtig gereinigt. Selbstverständlich darf man dabei eben zum Stehen gebrachte Blutungen nicht wieder aufreißen; je weniger frische Wunden vor Ankunft des Tierarztes berührt werden, desto besser. Am besten ist es, wenn eine Wunde genäht werden kann (3 + 4).
Jod oder andere starke Desinfektionsmittel darf man auf keinen Fall anwenden, sie verätzen das Gewebe und verzögern die Heilung.
Nur kleine, oberflächliche Hautrisse oder Abschürfungen darf man mit Jod oder ei-

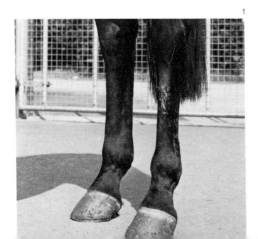

nem Wundspray behandeln, sonst sollten moderne Antibiotika- oder Sulfonamidpuder oder -salben verwendet werden.
Wichtig ist immer der Abfluß von Wundflüssigkeit. Bei jeder Schwellung, die einige Tage nach dem Unfall eintritt, muß der Tierarzt für Abfluß des Sekrets sorgen. Besonders bei infizierten Wunden, bei denen es zur Eiterung oder zur Absonderung von übelriechendem Sekret gekommen ist, sollte vom Tierarzt eine Gegenöffnung angelegt werden, damit man mit milden Desinfektionsmitteln oder auch Kamillentee spülen kann.
Absolut lebenswichtig ist die Schutzimpfung gegen Wundstarrkrampf. Bei jeder, aber auch absolut bei jeder Verletzung muß ein Pferd gegen diese Gefahr geschützt sein. Wenn ein Pferd rechtzeitig mit Tetanus-Toxoid geimpft worden ist, genügt das bei oberflächlichen Wunden. Bei Stichverletzungen sollte jedoch zusätzlich Tetanus-Serum gespritzt werden, ganz unabhängig davon, ob und wie oft das Pferd während des letzten Jahres Starrkrampfimpfungen bekommen hat.
Bei schweren Muskelrissen oder Prellungen ist die chirurgische Versorgung durch Ausschneiden und Nähen besonders wichtig. Bei Verletzungen, die in die Tiefe gehen, so daß die Wundflüssigkeit nicht abfließen kann, muß gleich eine Gegenöffnung angelegt werden.
Zusätzlich zur Vorbeuge gegen Wundstarrkrampf soll man bei tiefen Fleischwunden Gasödem-Serum spritzen.

Granulierende Wunden

Vor allem bei Rißwunden an den Beinen bildet sich oft wildes Fleisch (5). Wenn hier nicht eingegriffen wird, kann sich die Heilung um Monate verzögern.

Behandlung

Sobald die fleischigen Höcker bei einer Wunde zu bemerken sind (6), wäscht man diese täglich mit einer zusammenziehenden Lösung. Bewährt hat sich eine Mischung von 14 g Zinksulfat mit 7 g Blei-

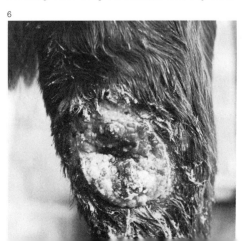

acetat in einem ¾ Liter Wasser. Verstärken kann man die Wirkung durch Anlegen eines mit dieser Lösung getränkten Watteverbandes. Man wechselt ihn täglich und fährt mit der Behandlung fort, bis der Hautrand nicht mehr überwuchert ist. Bei chronischen Wucherungen muß eine Hautplastik vorgenommen werden. Hierbei schneidet der chirurgisch spezialisierte Tierarzt das Granulationsgewebe etwas unterhalb der Hauthöhe ab und pflanzt kleine Hautstückchen auf die Wunde. Die Haut für die Transplantation wird der Flanke des Pferdes entnommen.

Verletzungen am Vorderknie

Verletzte Vorderknie (7 + 8) entstehen, wenn ein Pferd stolpert und auf die Straße oder auf harten Boden stürzt.

Ursache
Übermüdung, sei es durch Überanstrengung oder durch mangelnde Kondition. Auch schlechter Beschlag mit zu langem Zehenteil oder ein zu schwerer Reiter kann das Stolpern verursachen.
Häufiges Stolpern kann auch die Folge von Durchblutungsstörungen sein; derartige Pferde sollten tierärztlich untersucht werden.

Krankheitserscheinung
Der Ausdruck »couronniertes Knie« beschreibt den Zustand sehr treffend. Meist sind dabei die Wunden an den Rändern zerfetzt und eignen sich nicht zum Nähen. Es können jedoch Hauttransplantationen gemacht werden. Zum Glück ist die Gelenkkapsel sehr zäh und nur selten beschädigt. Wenn dies jedoch der Fall ist, tritt eine gelbliche Flüssigkeit aus dem Riß. Das ist ein Alarmsignal; sofort einen erfahrenen Tierarzt hinzuziehen.
Manchmal, vor allem nach einem Sturz auf einen Stein, wird die eigentliche Wunde von einem losen Hautlappen verdeckt.

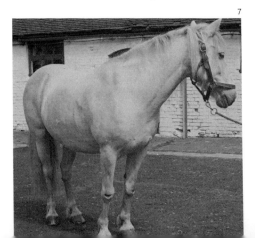
7

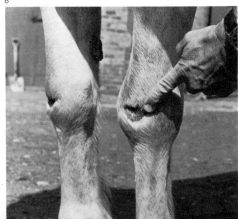
8

Behandlung

Zunächst soll noch einmal an die Gefahr von Wundstarrkrampf erinnert werden. Sie ist hier besonders groß, weil durch die Wucht des Sturzes Tetanussporen in die Wunde hineingepreßt werden können. Man wäscht das verletzte Knie gründlich mit warmem Seifenwasser und einem milden Desinfektionsmittel. 3%iges Kreolin ist hier zu empfehlen. Dann trocknet man die Wunde mit einem sauberen Tuch und pudert sie mit Sulfonamidpuder ein (9). Ist die Wunde groß und klaffend, macht man einen Verband (s. S. 41). Hautlappen muß der Tierarzt abschneiden (10).

Sobald das Granulationsgewebe oder wildes Fleisch die Höhe der Hautoberfläche erreicht, verfährt man wie bei granulierenden Wunden. Statt der Lotion aus Zinksulfat und Bleiacetat kann man zum Austrocknen einer Wunde auch einen Antibiotikum-Spray verwenden.

Die Heilung dauert lange, aber fast alle Verletzungen am Vorderknie heilen vollständig aus.

Vorbeugung

Leistungsentsprechende Fütterung und monatliches Beschlagen, wobei die Zehen so kurz wie möglich gehalten werden sollen. Vergewissern Sie sich, daß der Reiter niemals zu schwer für sein Pferd ist. Frische Wunden mit Wundpuder trocknen, infizierte Wunden mit antibiotischen Salben oder desinfizierenden, feuchten Packungen behandeln. Nässende Wunden mit Spray ohne Verband halten. Lebertran-Honig-Mischungen fördern die Heilung, aber auch die Entstehung wilden Fleisches. Verbände, wenn irgend möglich, weglassen.

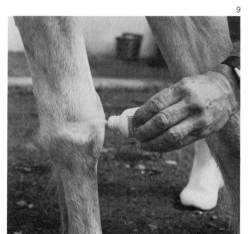
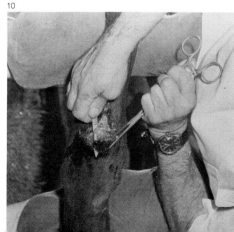

Blutungen

Es gibt zwei Arten der Blutung (1):
1. venös, aus einer oder mehreren Venen;
2. arteriell, aus einer oder mehreren Arterien.

Offensichtlich ist die arterielle Blutung gefährlicher als die venöse, und es ist wichtig, daß man beide unterscheiden kann: Bei einer *venösen Blutung* quillt oder fließt (2) das Blut. Bei der *arteriellen Blutung* spritzt das Blut heraus im Rhythmus mit dem Herzschlag, der das Blut durch die Arterien pumpt.

Behandlung

Im allgemeinen kann eine Blutung durch einfachen Druck gestoppt werden.
Pferdebeine sind besonders für arterielle Blutungen anfällig, da die Arterien verhältnismäßig nahe an der Oberfläche liegen. Bei einer spritzenden Blutung an den Beinen macht man einen Druckverband. Hierbei wird eine Mullkompresse oder ein zusammengefaltetes Stück Gaze oberhalb der Blutung auf das Gefäß gelegt. Darüber wickelt man sehr stramm eine elastische Binde (3). Wie straff die Binde anzuliegen hat, richtet sich nach dem Druck, der notwendig ist, um die Blutung zum Stillstand zu bringen. Man darf die Abschnürung jedoch niemals länger als höchstens eine halbe Stunde drauflassen, da sonst die Gefahr einer Gangrän besteht. Besser ist es, schon früher den Verband vorsichtig zu lockern. Fängt die Wunde erneut an zu bluten, bringt man den Druckverband etwas ober- oder unterhalb der bisherigen Stelle erneut an.

Man kann das Bein auch mit einem Gummiband oberhalb des Verbandes abschnüren. Hier gilt es allerdings besonders vorsichtig zu sein, damit die von der Blutzufuhr abgeschnittenen Teile des Beines nicht geschädigt werden.

Der möglichst sofort benachrichtigte Tierarzt wird vermutlich die verletzte Ader abbinden. In diesem Fall übernehmen dann die kleinen Arterien die Blutversorgung. Man nennt das die Entwicklung einer kollateralen Zirkulation.

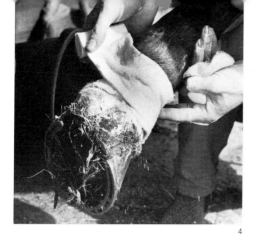

Blutungen aus einer Vene kommen meist bereits durch einen mit Watte gepolsterten Verband zum Stehen (4).

Hat man es mit einer Verletzung an einem Körperteil zu tun, den man nicht abbinden kann, stopft man die Wunde so fest wie möglich mit Gaze, Mullbinden oder mit sauberen Tüchern aus. Vorheriges Tränken mit Essigwasser zieht die Gefäße zusammen, entscheidend ist jedoch der ausgeübte Druck.

Die Natur sorgt durch die Blutgerinnung für den Verschluß einer Verletzung. Bei venösen Blutungen geht das meist rasch vor sich, bei Blutungen aus den Arterien werden die sich bildenden Gerinnsel jedoch durch den Druck des Blutstrahls wieder weggeschwemmt. Dieser Blutstrom muß also eine gewisse Zeit ausgeschaltet werden, bis die Gerinnung einen festen Pfropf gebildet hat.

Gebäudefehler

Streichen (Fesselbereich)

Beim Streichen wird mit einem Huf oder Eisen an das gegenüberliegende Fesselgelenk geschlagen. Dies kann bei Pferden mit enger Brust (bodeneng) vorkommen und bei solchen, die nicht gerade gehen, sondern »das Bein schwingen«.

Was ist dagegen zu tun?

Gamaschen, die über dem Fesselgelenk ein Polster bilden, können eine Hilfe sein (1). Damit ist das Problem aber noch keineswegs gelöst. Viel besser ist da eine Korrektur beim Hufbeschlag. *Beim Eisen jenes Beines, das gestreicht wird, sollte der innere Schenkel erhöht werden.* Dies trägt dazu bei, daß dieses Fesselgelenk etwas weiter nach außen verlegt wird, und das kann möglicherweise gerade verhindern, daß das Pferd beim Gehen auf der Straße oder auf hartem Boden noch daranschlägt. Es ist klar, daß mit dieser Korrektur auf weichem Boden wenig oder gar keine Wirkung erzielt wird.

Der innere Schenkel des Eisens, welches streicht, sollte innerhalb der Hufwand liegen (2), so daß beim Streichen die Hufwand und nicht das Eisen streicht und infolgedessen beträchtlich weniger Schaden angerichtet wird.

Streichen ist immer die Folge einer falschen Stellung. Es handelt sich dabei zwar nicht um einen Gewährsmangel im Sinne des Gesetzes, aber um einen Fehler, der den Gebrauchswert des Pferdes ein Leben lang beeinträchtigt. Man sollte es sich deswegen gut überlegen, ein Pferd mit Anzeichen von Streichen zu kaufen.

Greifen

Das Greifen passiert meistens beim Springen oder Galoppieren. Das Eisen des Hinterhufes greift dabei von hinten auf die Fessel (3) oder den Ballen des Vorderfußes und schneidet von oben nach unten ein. Dieser Schnitt kann gering sein, z. B. eine Schürfung, es kann aber auch ein tiefer Schnitt sein, der fast den ganzen Ballen in Mitleidenschaft zieht.

Besonders in schwerem Boden besteht die Gefahr des Greifens, da das Pferd vielleicht Schwierigkeiten haben könnte, die Vorderbeine aus dem Morast zu ziehen, bevor die Hinterbeine nach vorn kommen.

Behandlung

Eine Greifwunde muß schnelle und fachmännische Pflege bekommen, da ein von oben nach unten verlaufender Schnitt einen Sack ohne Abfluß bildet, wo sich Schmutz und Infektion rasch ansammeln können.

Vorbeugung

Die Zehen der Hinterbeine sollen kurz gehalten und mit leichten Eisen beschlagen werden. Springglocken (4) sollten vor allem beim Springen getragen werden.

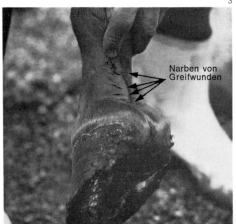

Narben von Greifwunden

»Speedy cutting« (Streichen im Röhren-Knie-Bereich)

»Speedy cutting« tritt bei Reitpferden selten auf. Man findet dies viel häufiger bei Pferden mit einer hohen Aktion, z. B. bei Trabern. In mancherlei Hinsicht ist es ähnlich wie das Streichen, aber beim »speedy cutting« liegt die Anschlagstelle in der oberen Hälfte der Innenseite der Röhre oder an der Innenseite des Vorderknies.

Vorbeugung
Ähnlich wie beim Streichen sollte man ganz besondere Aufmerksamkeit den Hufen und Eisen schenken.
Beim Versuch, diese Gebäudefehler zu korrigieren, ist ein guter Hufschmied Gold wert.

Stalluntugenden

Koppen und Krippensetzen

Ein Pferd kann koppen ohne krippensetzen, aber es setzt auf der Krippe auf, um koppen zu können.

Ursache
Stalluntugenden sind das Ergebnis von Langeweile. Sie treten deshalb bei Pferden auf, die allzu lange ohne Bewegung in der Box gehalten werden – gleich, welchen Alters die Pferde sind. Untugenden dieser Art werden aber häufiger bei älteren Pferden gesehen, weil diese weniger arbeiten müssen.
Beim Koppen wird Luft ins Maul eingesogen und dann die Speiseröhre hinunter in den Magen gepreßt. Dabei setzen viele Pferde die Schneidezähne auf den Rand der Krippe, der Tür oder irgendeines Sparrens, und dies wird »Krippensetzen« genannt (1).
Sobald das Pferd die Luft im Maul hat, wölbt es im allgemeinen schnell den Hals und schluckt die Luft hinunter.

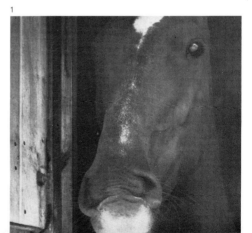
1

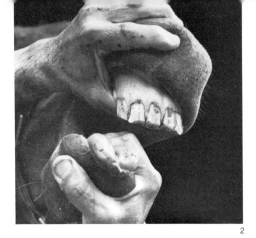

Manchmal wird ein hartnäckiger Krippensetzer so gewandt, daß er koppen kann, ohne aufzusetzen.

Was hat dies zur Folge?
Koppen ergibt Magenstörungen und kann auch zu Verdauungsstörungen führen, die chronisch werden können. Das Pferd verliert nicht nur an Kondition, sondern es besteht ebenso die Gefahr, daß es eine Windkolik bekommen kann.

Wie erkennt man den Kopper und Krippensetzer?
Die Zähne sind auf unnatürliche Art abgenützt (2).
Besteht ein Verdacht, muß man das Pferd geduldig im Stall beobachten.

Behandlung
Eine Behandlung ist keineswegs immer erfolgreich, aber der Versuch lohnt sich. Wichtig ist regelmäßige Arbeit, damit sich das Pferd im Stall nicht langweilt. Alles, worauf es beißen könnte – Krippe, Sparren usw. –, soll entfernt werden. Man kann die Holzteile mit altem Motoröl anstreichen oder mit dem allerdings giftigen Kreosot. Besser ist es, einen elektrischen Weidedraht entlang dem oberen Boxenrand zu spannen. Den Oberteil der Tür schließt man, damit keine Angriffsfläche für die Zähne vorhanden ist.
Man kann auch einen sog. Koppriemen anlegen, der genau hinter den Ohren um den Hals angepaßt wird. Dieser Riemen (3) kann durch ein doppeltes, sehr steifes, herzförmiges Stück Leder geführt werden. Die Spitze des Herzens paßt genau in den Winkel zwischen den beiden Unterkiefern (4). Wenn das Pferd nun den Hals wölbt, um die Luft zu schlucken, wird es von dieser Lederspitze gestochen, und so wird das Pferd gezwungen, den Kopf nach

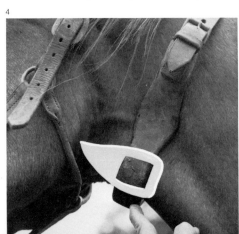

5

vorn zu strecken und die Luft aus dem Maul herauszulassen.
In schlimmen Fällen kann ein Stück Metall wie z. B. eine Stahlfeder an der Spitze des Lederherzens angebracht werden.
Einige Pferde lernen schnell, das Lederherz aus der vorgesehenen Stellung zu manövrieren. Gelingt dies, sollte man dem Pferd ein Halfter anziehen und den Koppriemen mit Schnur oder Schuhriemen in der gewünschten Stellung festbinden.
Es ist klar, daß sich ein Behandlungserfolg nur langsam einstellen wird, und die Ergebnisse werden weitgehend davon abhängen, wie lange die Untugend schon ausgeübt worden ist.
Mit Ausdauer und Glück können manchmal sogar chronische Fälle geheilt werden. Das ist allerdings unsicher. Wesentlich größer sind die Chancen bei einer neuartigen Kopper-Operation. Bei dieser erstmals in Skandinavien durchgeführten Methode werden zwei bleibende Löcher – je eines an jeder Seite des Pferdemauls – gemacht. Diese Löcher oder Fisteln, wie sie auch genannt werden, beeinträchtigen das Aussehen nicht, weil sie nur aus nächster Entfernung sichtbar sind. Durch diese Löcher werden die Bildung eines Vakuums und dadurch das Schlucken von Luft verhindert (5).
Die Operation erfolgt in Vollnarkose, sie ist jedoch erstaunlich unkompliziert. Über den ersten Backenzähnen wird quer ein etwa 5 cm langer Schnitt durch die Haut und den Muskel bis ins Maulinnere gemacht. Schleimhaut und Muskelgewebe werden dann mit der Haut vernäht, wodurch eine bleibende Fistel entsteht. Damit das Loch nicht zuwächst, näht man eine kleine, vernickelte Kanüle ein (6), die sechs Monate lang drin bleibt. – Auf der anderen Maulseite verfährt man ebenso.
Als kleiner Nachteil hat sich herausgestellt, daß die Patienten in den ersten Tagen Schwierigkeiten beim Trinken haben. Sie passen sich jedoch rasch an. Keiner der bisher von uns operierten Kopper konnte danach noch Luft schlucken.

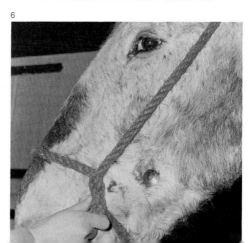

6

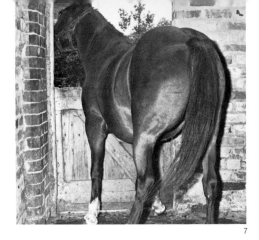

Es gibt auch andere operative Methoden wie Durchtrennung von Muskeln oder einen Nervenschnitt.
Die Operation sollte möglichst im Anfangsstadium dieser Untugend ausgeführt werden. Man sollte sich also nicht zu spät dazu entschließen.

Weben

Ein webendes Pferd bewegt den Körper von einem Vorderbein aufs andere und führt dieses Wiegen oft über längere Zeit hinweg fort. Nachdem es einige Zeit in der Box herumgegangen ist, fängt es wieder von vorne damit an.
Das Weben von Pferden tritt hauptsächlich in solchen Boxen auf, die eine horizontal geteilte Tür haben, welche sich auf einen Hof hinaus öffnet. Das webende Pferd wird dort an der Tür stehen, hinausschauen und hin und her schaukeln (7). Es kann sogar vorkommen, daß der Boden in der Nähe der Tür zwei ausgehöhlte Stellen aufweist.

Nachteilige Auswirkung
Das Pferd ermüdet durch häufiges Weben und kann nicht voll beansprucht werden.

Behandlung
Beim Weben handelt es sich wie beim Koppen um eine Folge von Langeweile. Arbeit ist die beste Therapie. Am sichersten verliert sich das krampfhafte Hinundhertreten jedoch auf der Weide oder im Auslauf.

Vorbeugung
Regelmäßige Bewegung und Möglichkeit, mit anderen Pferden in sozialen Kontakt zu treten. Also keine hohen, undurchsichtigen Boxenwände, durch die sich das Pferd isoliert fühlt.

Rechtslage

Bei *Koppen* und *Krippensetzen* handelt es sich um einen Hauptmangel im Sinne des Gesetzes. Bei fristgerechter Benachrichtigung innerhalb von 14 Tagen muß der Verkäufer ein solches Pferd zurücknehmen. Man spart sich jedoch viel Ärger, wenn man bei dem geringsten Zweifel das Tier noch vor dem Kauf tierärztlich untersuchen läßt. Bei einer späteren Beanstandung benötigt man ein Attest vom Tierarzt.

Das *Weben* ist ebenfalls eine Stalluntugend, jedoch kein gesetzlicher Hauptmangel. Hierbei muß der Verkäufer das Tier nur zurücknehmen, wenn es mit »voller Garantie« gekauft wurde. Am besten läßt man sich das schriftlich oder von zwei Zeugen bestätigen, denn das Gesetz garantiert nur für eine Haftung bei den Haupt- oder Gewährsmängeln. Sonst heißt es nach bestehendem deutschen Recht beim Pferdekauf in voller Schärfe: »Augen auf oder Beutel auf.«

Sattel- und Gurtendruck

Satteldruck

Satteldruck entsteht auf dem Rücken unter dem Sattel (1). Die Ursachen dafür sind ganz verschieden.

Ein gut angepaßter Sattel (2) muß für die Größe des Pferdes die richtige Länge haben. Der Sattel soll glatt und ebenmäßig auf dem Rücken des Pferdes aufliegen. Der Sattelknopf, d. h. die vordere Wölbung, muß hoch sein und gute Widerristfreiheit gewähren (3, S. 54).

Die Kammer (oder der Tunnel), die von vorne nach hinten verläuft, muß frei sein und Luft durchlassen und darf in keinem Fall irgendwann einen Druck auf die Wirbelsäule ausüben. Als Berater dient am besten ein guter Sattler.

Satteldruck entsteht gewöhnlich, wenn die Polsterung im Sattel knollig wird oder wenn die innere Abfütterung des Sattels knittert oder reißt (4, S. 54). Das Futter kann aus Leder, Leinen oder Flanell bestehen; gute Sättel aber sind meistens mit Leder oder Leinen abgefüttert. Die knolli-

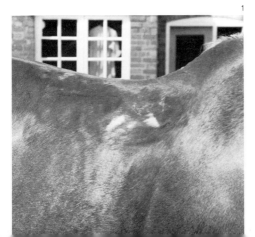
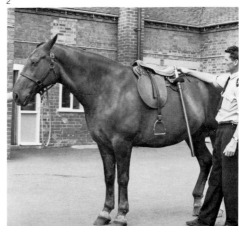

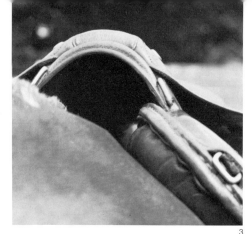
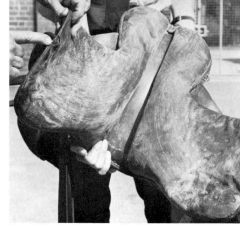

ge Polsterung oder das zerknitterte Futter übt übermäßigen Druck auf einen bestimmten Punkt aus. Dies verhindert die Blutzufuhr zu dieser Stelle der Haut. Je nach der Dauer des Druckes ist das Ausmaß des Schadens verschieden groß.

Wird die Druckstelle früh entdeckt, so ist meistens eine kleine Abschürfung der Hautoberfläche entstanden (5); wird der Druck dann aber weiter auf jenen Punkt ausgeübt, stirbt die Haut dort ab. In der Folge tritt das Unterhautzellgewebe hervor, und es entsteht eine schlecht heilende Wunde.

Ein weiterer häufiger Grund für Satteldrücke ist Schmutz. Dabei ist das Futter des Sattels mit Haaren, eingetrocknetem Schweiß und sogar mit Schmutz verklebt; so entstehen wieder Zonen von ungleichem Druck.

Satteldruck kann natürlich auch allein durch schlechtes Reiten bei zu lockerem Gurt verursacht werden. Wenn man den Rücken des Pferdes mit dem Körpergewicht ungleich belastet und einseitig im Sattel sitzt oder immer darin herumrutscht, so können bald Scheuerstellen und Wunden entstehen. Deshalb immer wieder nachgurten und im Sattel gerade und ruhig sitzen.

Gurtendruck

Wiederum gibt es dafür verschiedene Gründe:
1. Alte Gurte, die auf der Innenseite aufgerauht sind (6).
2. Schmutzige Gurte, die scheuern und Wunden bilden (7).
   Ohne Zweifel scheinen Schnurgurte mehr Schwierigkeiten zu bereiten als lederne oder jene aus Gurtband.
3. Ein schlecht passender oder ein zu weit vorne aufgelegter Sattel. Der Gurt wird dann an der Haut hinter den Ellenbogen reiben und wunde Stellen bilden. Dies passiert sehr oft bei dicken Ponys, die direkt von der Weide kommen, bei denen die Gurte einfach nicht an der richtigen Stelle bleiben wollen.

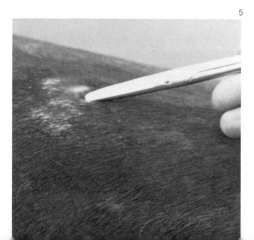
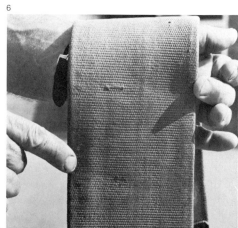

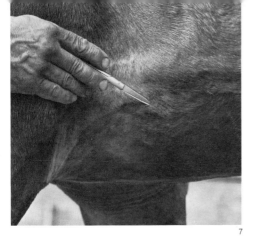

Da Sattel- oder Gurtendruck nicht nur für das Pferd eine Quälerei, sondern für den Reiter auch eine Gefahr darstellt, muß man sehr aufpassen.

Wie vermeidet man Sattel- und Gurtendruck?

Nachdem der Sattel aufgelegt und gegurtet worden ist und man sicher ist, daß er an der richtigen Stelle liegt, zieht man die beiden Vorderbeine des Pferdes weit nach vorn; dazu stellt man sich vor das Pferd und zieht sie weit heraus (8). Dies bringt die Haut unter dem Gurt in ihre korrekte Lage.

Auch wenn der Sattel perfekt sitzt und korrekt aufgelegt wird, besteht immer eine leichte Hemmung des Blutflusses in der Rückenhaut. Wenn man also an einem Turnier teilnimmt oder auf einem langen Ausritt ist, sollte man in regelmäßigen Abständen anhalten, am besten jede Stunde. Man löst dann den Gurt, hebt den Sattel und läßt das Blut mindestens fünf Minuten lang frei durch die belastete Zone fließen. Sehr oft sieht man Kinder auf Turnieren, die ihre Ponys einfach eng gegurtet stehenlassen, während sie für ein Eis oder einen Tee weggehen oder den anderen Veranstaltungen zusehen. Hat man selbst eine Verschnaufpause, so gönne man dem Rücken und den Seiten des Ponys auch eine.

Vergewissern Sie sich immer – vor allem, wenn Sie auf ein größeres Pony oder Pferd wechseln –, daß Sie einen korrekt sitzenden Sattel und Gurt haben. Zwar kann sich jeder erfahrene Reiter selbst helfen, es ist aber immer besser, den Sattler um seinen Rat zu fragen.

Sattel und Gurt sind peinlich sauberzuhalten (9). Dies heißt, daß nach jedem Ritt Sattel und Gurt (falls letzterer aus Leder gefertigt ist) mit Lederseife abgeschwammt und vollständig getrocknet werden müssen, wobei dem inneren Futter besondere Aufmerksamkeit geschenkt werden soll.

Sitzen Sie immer korrekt im Sattel (10), und rutschen Sie nicht herum.

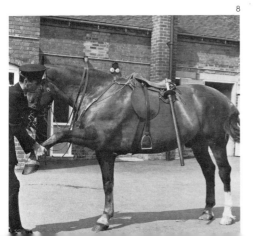

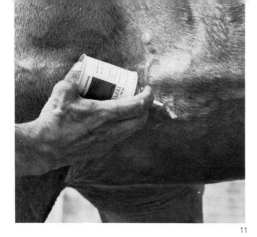

11

Behandlung

Die Behandlung hängt vom Ausmaß der Verletzung ab. Das Wichtigste ist immer die Ruhe – vollständige Ruhe. Ein Sattel- oder Gurtendruck kann nie verheilen, wenn die Stelle immer wieder von neuem gescheuert wird. Das sagt schon der gesunde Menschenverstand, und doch wird die Notwendigkeit der absoluten Ruhe so oft mißachtet.

Es bestehen immer eine gewisse Entzündung und die Gefahr einer Infektion. Deshalb behandelt man die Stelle mit einem Sulfonamid-Puder (11) oder im Fall einer bereits vorliegenden Schwellung mit einer warmen Tonerde-Packung oder abschwellenden Salben wie Hirudoid. Bessert sich der Zustand nicht innerhalb von einem bis zwei Tagen, sollte man den Tierarzt rufen. Vielleicht ist eine Antibiotika-Injektion oder sogar die chirurgische Entfernung der abgestorbenen Haut notwendig.

Die Ruheperiode kann sich über einige Wochen oder sogar einige Monate erstrecken, aber auf keinen Fall darf der Sattel oder Gurt aufgelegt werden, bevor die Wunde vollständig verheilt und jede Spur von Empfindlichkeit gewichen ist.

Wenn die Wunde verheilt ist, aber noch keine Haare gewachsen sind, ist es oft von Vorteil, wenn man vom Sattler eine »Kammer« im Sattel machen läßt. Er wird auf dem Sattelfutter die Stellung der ungeschützten Haut markieren. Dann wird er das Futter wegnehmen und einen Teil der Polsterung über der bezeichneten Stelle entfernen. Danach wird kein oder nur wenig Druck auf die verheilte Stelle ausgeübt.

Fütterung

In der Natur ernährt sich das Pferd ausschließlich von Gras, Kräutern und etwas Erde, aus der es die für sein Wohlbefinden notwendigen Mineralstoffe zieht.
Im Sommer genügt für ein Pferd, das nicht arbeiten muß, eine ausreichende Weide. Für einen Isländer braucht man zum Beispiel eine Fläche von etwa 5000 qm. In den Wintermonaten muß, genau wie bei Arbeitsleistung, zusätzlich gefüttert werden. Als Faustregel kann man dabei 0,5 kg Kraftfutter pro Arbeitsstunde rechnen.
Man unterscheidet Rauh-, Kraft- und Saftfutter; die benötigte Menge und das Verhältnis hängen dabei von Art, Alter und Gebrauchszweck des Pferdes ab. Alle Pferde haben jedoch einen im Verhältnis zu ihrer Körpergröße kleinen Magen (1) und können immer nur kleine Mengen auf einmal fressen. Man kann auf der Weide beobachten, in welch kurzen Abständen Pferde fressen und ruhen. Auch in der Nacht grasen sie zwischendurch. Deshalb ist es richtig, weniger auf einmal zu füttern, aber öfter.

Rauhfutter

Sieht man einmal von der Spezialfütterung für Hochleistungspferde ab, ist *Heu* die Basis der Ernährung und kann dem Pferd mehr oder weniger ständig zur freien Verfügung bereitgestellt werden. Das gilt vor allem für Wiesenheu, das nahrhaftere Kleeheu muß zugeteilt werden. Pferde wissen nämlich bei schmackhaftem Futter nicht von selber, wann sie genug haben.
Heu muß immer von einwandfreier Qualität sein, schimmeliges oder auch nur muffiges Heu ist gefährlich. Ein ausreichend gefüttertes Pferd wird von sich aus schlechtes Heu nicht fressen. Bei großem Hunger oder einseitiger Fütterung besteht jedoch die Gefahr, daß es nicht nur solches Heu, sondern auch schlechte Einstreu frißt. Auf sauberes Stroh ist also stets zu achten. Gutes Haferstroh wird gern gefressen und eignet sich zum Mischen mit Grummet, dem Heu vom zweiten Schnitt. Allein gefüttert, ist dies vor al-

1
Magen des Pferdes

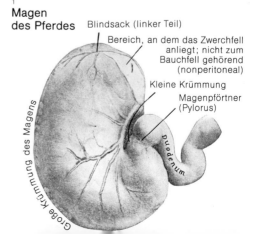

Blindsack (linker Teil)
Bereich, an dem das Zwerchfell anliegt; nicht zum Bauchfell gehörend (nonperitoneal)
Kleine Krümmung
Magenpförtner (Pylorus)
Krümmung des Magens
Duodenum
Große Krümmung

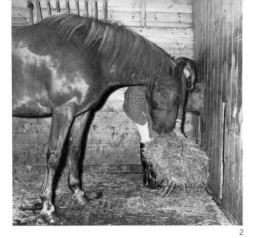

lem für Ponys ungeeignet, weil es nicht genügend gekaut wird.

Heu kann auf drei Arten verabreicht werden: Es wird in eine Ecke der Box auf den Boden gelegt (2), in einer Heuraufe (3) oder noch besser in einem Heunetz (4). Verwendet man Heunetze, müssen sie sehr hoch angebracht werden, da sie beim Leerwerden länger und länger werden und das Pferd, wenn es scharrt, seinen Fuß darin verfangen kann, was schreckliche Folgen haben könnte.

Kraftfutter

Hier steht *Hafer* an erster Stelle. Man füttere ihn vorzugsweise gequetscht (5), sonst passieren viele Körner unverdaut den Darm.

Kleie darf nie trocken verfüttert werden, das gilt auch für Mischungen mit Hafer. Trockene Kleie kann sich zusammenklumpen und zu Schlundverstopfung führen. Man feuchte sie entweder an (6) oder füttere sie mit gehäckseltem Heu.

Futtermittelhersteller bieten jetzt auch Pony- oder Pferdewürfel *(Pellets)* an (7). Diese bestehen gewöhnlich aus einem Gemisch von Heu, Hafer und Kleie und vielleicht einem Zusatz von Mais oder Gerste. Dies ist zwar ein sehr einfacher Fütterungsweg und in vielen Fällen vollständig befriedigend, jedoch viel teurer. Ratsam ist auch hierbei eine Zufütterung von Heu, zumindest jedoch von Hafer-, Gersten- oder gutem Weizenstroh.

Außer Hafer und Weizenkleie kann auch *Gerste* oder *Mais* gefüttert werden. Beides sollte allerdings nie mehr als bis zur Hälfte der Kraftfuttermenge gegeben werden. Mais gibt man dabei am besten auf dem Kolben. Nicht vergessen, daß jeder Futterwechsel langsam vorzunehmen ist.

Saftfutter

Bei fehlender Weide und im Winter sind Pferde empfänglich für etwas Frisches. Am besten sind Möhren, etwa 1 kg, aber auch sauber geputzte, geschnittene Rü-

ben und Äpfel können gegeben werden. Gute Silage eignet sich ebenfalls. Sie muß allerdings einwandfrei sein, dann kann ein Pferd 6–7,5 kg täglich bekommen – vorausgesetzt, es wird langsam daran gewöhnt. Rübenschnitzel müssen in der etwa fünffachen Wassermenge, am besten über Nacht, eingeweicht werden.

Fütterungszeiten

Man sollte dreimal pro Tag füttern. Bei einem hohen Rauhfutteranteil genügen zwei Mahlzeiten. Morgen- und Abendfütterung sollten zeitlich möglichst lang auseinander liegen, und für die Nacht sollte ein reichlicher Heuvorrat gegeben werden. So wird der natürliche Freßrhythmus zumindest in etwa eingehalten. Wichtig ist, das Kraftfutter immer *nach* der Arbeit zu geben. Es sollten mindestens zwei Stunden zwischen Haferfütterung und körperlicher Anstrengung liegen. Wenn ein Pferd auf die Weide geht, soll es sein Kraftfutter jedoch vorher erhalten.

Die notwendige Kraftfuttermenge

Es ist unmöglich, feste Regeln aufzustellen. Der Futterbedarf hängt nicht nur von der geforderten Arbeitsleistung, sondern auch von Alter, Gewicht und der individuellen Fähigkeit der Futterverwertung ab. Über den Daumen gepeilt kann man bei mittlerer Beanspruchung pro 100 kg Körpergewicht auf 1,25 kg Heu etwa 1 kg Kraftfutter rechnen.

Wasser

Ohne Zweifel ist das wichtigste Futtermittel das Wasser. Frisches, sauberes Wasser soll dem Pferd *Tag und Nacht ständig* zur Verfügung stehen, damit es trinken kann, wieviel und wann es ihm beliebt.
Das Wasser *muß sauber und frisch sein* (8), nicht ein Eimer voll Jauche, wie man es häufig sieht.

10

Winterhaltung

Viele sowohl erwachsene wie auch jugendliche Ponybesitzer sind voller Enthusiasmus während des Sommers. Im Winter jedoch wird das Pony häufig auf eine Weide gebracht und vergessen. Dies ist nicht nur ein trauriger Tatbestand, sondern eine absolute Schande, und solche Pferdebesitzer sollten wegen Tierquälerei vor Gericht kommen.

Das Pony kann den Winter gut im Freien verbringen, vorausgesetzt, daß es irgendeine Art Unterstand hat, gesund ist und regelmäßig gefüttert wird. Ohne Unterstand oder Futter ist der Winter auch für das sogenannte Robustpferd ein Alptraum. Von Ende September bis Anfang April hat das Gras wenig oder gar keinen Nährwert und wird mit jedem Tag rarer.

Als Unterstand ist eine anständige Box mit einer offenen Tür das Ideale (9), doch kann ein befriedigender Schutz auch in irgendeinem alten Bauernhofgebäude improvisiert werden.

Ein vom Ritt durchgeschwitztes Pferd muß bei rauher Witterung zum Abtrocknen in den Stall gebracht werden! Die Fütterung im Winter hängt von der Beanspruchung ab: Ein durchschnittliches, 135 cm großes Pony benötigt ein Minimum von 5 kg Heu pro Tag. Sehr wenigen Leuten ist richtig bewußt, wieviel 5 kg Heu sind; man sollte das volle Heunetz einmal wiegen (10). Als Wintervorrat braucht man etwa 15 Doppelzentner tadelloses Heu. Nie minderwertiges Heu kaufen! Zusätzlich zum Heu gibt man dem Pony, das arbeiten muß, etwa 1,5 kg Hafer und 0,5 kg Kleie pro Tag, auf zwei Fütterungen verteilt. Arbeitet das Pony nicht, genügen 1,5 bis 2 kg angefeuchtete Kleie. Zur Abwechslung kann man Möhren (11) oder ein anderes Saftfutter geben. Bei Kälte ist eine Handvoll gekochter Leinsamen (12) oder gekochter Gerste gut.

Hier noch einige Rezepte für das in England viel verfütterte *Mash* – für angestrengte oder genesende Pferde ein sehr heilsames Futter:

9 11

1 l Gerstenschrot, 2 l Quetschhafer, 2 l Weizenkleie oder 1 kg Quetschhafer, 100 g Leinsamenschrot, 0,5 kg Weizenkleie. Man kann eine kleine Tasse Melasse oder 1 Eßlöffel Glaubersalz und etwas Salz zufügen. Immer wird das Ganze mit kochendem Wasser übergossen und zugedeckt wie in einer Kochkiste stehengelassen. Man füttert es lauwarm, bei gesunden Pferden ein- bis zweimal wöchentlich. Auch im Winter müssen die Hufe mindestens alle zwei Monate kontrolliert werden. Wenn das Tränkwasser gefroren ist, nicht vergessen, mehrmals täglich das Eis aufzubrechen. Ein Pony braucht etwa 25 Liter und ein großes Pferd bis zu 50 Liter Wasser täglich.

Dicker, trüber Urin

Pferdeharn ist normalerweise trübe. Als Folge von Verdauungsstörungen kann der Harn dickflüssig (13) werden und so zu Schwierigkeiten beim Wasserlassen führen.

Die Ursache ist schimmeliges Heu oder feuchte, unsaubere Einstreu. Bei Mineralstoffmangel, vor allem von Phosphor, neigen die Pferde zum Streufressen. Zur Vorbeuge füttert man bestes Heu und verwendet als Einstreu Sägemehl oder Torfmull. Gut ist ein phosphorhaltiger Mineralleckstein.

Wasserharnruhr

Durch eine hormonelle Störung trinken manche Pferde bis zu 120 l Wasser pro Tag und setzen entsprechend viel Harn ab. Übermäßiges Trinken kann jedoch auch die Folge von Langeweile und ständigem Lecken an Salzsteinen sein. Ehe man aber ein Pferd dürsten läßt, sollte der Tierarzt durch eine Injektion von Hypophysenhinterlappenhormon die Ursache klären.

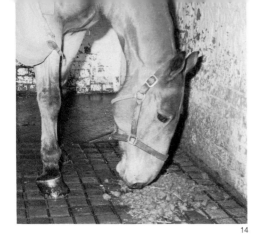
14

Kotfressen

Manche Pferde fressen ihren eigenen Kot. Bei Saugfohlen ist es normal, wenn sie den Kot der Mutter fressen, bei ausgewachsenen Pferden dagegen ist es eine Untugend, vor allem von in Boxen gehaltenen Pferden (14). Die Ursache kann Mangel an Vitamin B sein, besonders von Vitamin B_{12}, wie er bei starker Beanspruchung einseitig gefütterter Pferde auftritt. Vitaminmangel und einseitige Fütterung führen zu Abmagerung, schlechtem Fell und nervösen Störungen.

Kotfressen ist schädlich, weil es dadurch zu immer erneuter Ansteckung mit Rundwürmern kommt. Der dadurch verursachte starke Wurmbefall führt seinerseits zu Blutarmut und all den anderen Schädigungen durch die wandernden Wurmlarven. Man bindet das Pferd an und entmistet sorgfältig.
Vitaminmangel verhindert man durch Zufütterung von Futtertrockenhefe, wenn möglich auch von Grünfutter.
Im Fall von bereits bestehendem Vitaminmangel spritzt man Vitamin-B-Komplex und Eisen.

Allgemeine Krankheiten

Parasiten

Ein Parasit ist ein Lebewesen, das auf oder in einem Tier und gänzlich auf dessen Kosten lebt. Das Tier, auf oder in welchem der Parasit lebt, nennt man Wirt. Es gibt zwei Hauptarten von Parasiten:
1. Parasiten der Hautoberfläche *(Ektoparasiten)*. Diese leben in oder auf der Oberfläche des Tieres.
2. Innere Parasiten *(Endoparasiten)*. Sie leben im Innern des Tieres.

Parasiten der Hautoberfläche

Räudemilben
Die gefährlichste Form der Räude wird durch Sarkoptesmilben (1) verursacht. Heute ist diese einst gefürchtete Erkrankung selten geworden. Räudemilben sind mit freiem Auge kaum sichtbar, sie vermehren sich ohne Zwischenwirt. Sarkoptesräude ist anzeigepflichtig, und zwar beim Amtstierarzt oder der zuständigen Ortspolizei.

Ansteckung
Sie erfolgt durch unmittelbare Berührung von Pferd zu Pferd oder durch mit Milben verunreinigtem Putzzeug, Decken oder Geschirr. Auch durch Scheuern an Pfählen oder Stallwänden können die Parasiten übertragen werden.

Krankheitserscheinung
Starker Juckreiz, meist am Kopf beginnend, mit Knötchen und Krusten auf der Haut. Durch das ständige Scheuern entstehen kahle Stellen, die sich verhältnismäßig rasch ausbreiten.

Diagnose und Behandlung
Der Tierarzt sollte in allen verdächtigen Fällen zu Rate gezogen werden. Er wird Hautproben entnehmen und sie unter dem Mikroskop untersuchen.
Falls Räude vorliegt, wird er Bäder oder Behandlungsmittel verschreiben, die einen Monat lang mindestens jede Woche angewendet werden müssen, um mit den Milbeneiern fertig zu werden, wenn sie

Sarkoptesmilbe 1

laufend ausschlüpfen. Hat das Pferd ein langes Fell, muß es geschoren werden.

Läuse
Diese sind ohne Zweifel die häufigsten der äußeren Pferdeparasiten (2). Nach der Kastration eines Hengstfohlens sind meine Arme und Berufsschürze oft vollständig mit ihnen bedeckt.

Ausbreitungsart
Läuse werden in derselben Weise wie die Räudemilben übertragen, nämlich durch direkten Kontakt oder durch schmutzige Boxen, schmutziges Sattel- und Zaumzeug usw. Wie Räude sind auch Läuse ansteckend.

Krankheitserscheinungen
Im Anfangsstadium ähnlich wie bei Räude, d. h. Reiben, Beißen und kahle Stellen. Jedoch lassen sich bei genauer Untersuchung die Läuse, und vor allem die kleinen, weißen Läuseeier (Nisse) (3), mit bloßem Auge erkennen, wie sie an den Haaren sitzen. Bei starkem Befall bilden sich blutige Krusten auf den haarlosen Stellen.

Läuse findet man hauptsächlich auf schlecht gefütterten und vernachlässigten Pferden, und sie sind bei langhaarigen häufiger als bei geschorenen, aus dem einfachen Grunde, weil das geschorene Pferd im allgemeinen regelmäßig gefüttert und sorgfältig gepflegt wird.

Behandlung
Es gibt viele gute Läusebäder und Läusepuder (4), die alle die ausgewachsenen Läuse zu töten vermögen. Wie bei der Räude töten diese Behandlungsmittel die Eier jedoch nicht ab. Deshalb muß die Behandlung einmal wöchentlich über einige Wochen hinweg wiederholt werden, um die Läuse beim Ausschlüpfen zu erwischen und vor allem bevor sie Zeit haben, weitere Eier zu legen.

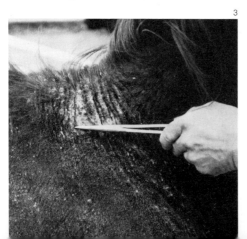

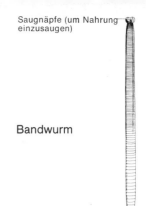

Bandwurm — Saugnäpfe (um Nahrung einzusaugen), Eier

Vorbeugung

Man soll nie vergessen, daß ein sorgfältig gepflegtes Pferd nie Läuse bekommt. Gute, regelmäßige Fütterung, regelmäßige Bewegung und Pflege werden fast immer einen Läusebefall verhüten können.

Innere Parasiten: Würmer

Bei Pferden, wie bei den meisten anderen Tieren, gibt es zwei Hauptarten von Würmern: 1. Bandwürmer, 2. Rundwürmer.

Bandwürmer

Der Bandwurm wird als Schmarotzer bezeichnet, da er im Pferdedarm keinen eigentlichen Schaden anrichtet. Er frißt lediglich das Futter, das verdaut worden und zur Absorption in den Darm gelangt ist. Daraus ergibt sich, daß das Pferd nicht den vollen Nutzen aus seinem Fressen ziehen kann und an Kondition verliert (5). Bei schwerem Befall kann es zu chronischen Verdauungsstörungen kommen.

Lebenszyklus

Die Eier des Bandwurms liegen in den Endgliedern und werden mit diesen im Kot ins Freie befördert. Auf den Weiden entwickeln sich die Eier zu winzigen Larven, welche von Moosmilben als Zwischenwirt gefressen werden. Im Innern der Milben entwickeln sich die Larven zu Zysten.
Das Pferd frißt die Milben mit dem Gras, und im Pferdedarm platzen die Zysten auf und entwickeln sich sehr rasch zu ausgewachsenen Bandwürmern – männlichen und weiblichen –, welche kopulieren und den Zyklus von neuem beginnen (6).

Rundwürmer

Es gibt verschiedene Arten von Rundwürmern, und unter ihnen sind die bei Pferden häufigsten und schädlichsten Wurmarten. Rundwürmer können mikroskopisch klein sein wie der *Zwergfadenwurm* oder die sehr häufig unerkannten *Magenwürmer,* sie können einige Zentimeter lang sein wie die *Palisadenwürmer* auf der

Palisadenwürmer im Pferdedarm mit Münze zum Größenvergleich

Rundwürmer

Zeichnung (7, S. 65) oder aber bis zu 40 cm lang werden wie die *Spulwürmer.*

Praktisch alle Pferde sind zumindest in der Jugend verwurmt, bei älteren Pferden entsteht eine mehr oder weniger ausgeprägte Immunität. Rundwürmer haben keinen Zwischenwirt, die Ansteckung erfolgt also durch Pferde, die an Wurmbefall leiden. Oft sind diese »Ausscheider« nicht sichtbar erkrankt, sie scheiden jedoch mit dem Mist Wurmeier oder Larven aus, die ihrerseits wieder Pferde befallen. Die Ansteckung kann bei verwurmten Stuten auch über die Milch erfolgen, mancher Fohlendurchfall hat hier seine Ursache. Meist stecken sich Pferde jedoch auf der Weide (8) oder in unsauberen Ausläufen oder Laufställen an. Die Jugendstadien der Würmer gelangen über das Maul in den Darm und von dort in die Blutbahn. Nur die Zwergfadenwürmer bohren sich als Larven durch die Haut, um dann ebenfalls auf dem Blutweg in den Dünndarm zu wandern.

Auf dieser Wanderung durch den Körper richten die Würmer in den Blutgefäßen und in den verschiedensten Organen zum Teil schwere Schäden an. In den Arterien, vor allem in den Beckengefäßen, kann es zu Erweiterungen und dadurch bedingter zeitweiliger Lahmheit kommen. Der Tierarzt kann diese Veränderungen durch eine rektale Untersuchung feststellen. Die Blutgefäße können auch reißen und so Blutungen und sogar Todesfälle verursachen. Bei Fohlen kann sich die Larvenwanderung durch Schwellungen in den Beinen auswirken.

Als Endstation kehren die Würmer in den Darm zurück (9 + 10). Die großen Spulwürmer (Askariden) können bei Fohlen rein mechanisch schwere Darmstörungen hervorrufen, während die Palisadenwürmer (Blutwürmer oder Strongyliden) sich mit den Lippenfransen an der Darmschleimhaut festhalten und Blut saugen. Dadurch kommt es bei den befallenen Pferden zu Blutarmut mit blassen Schleimhäuten (11).

Rundwürmer auf der Darmschleimhaut eines Pferdes

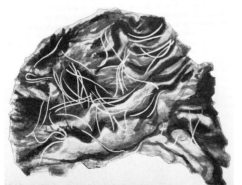

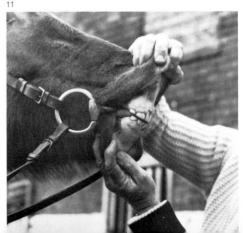

Starker Wurmbefall führt zu Darmentzündung und zu Durchfall (12).
Bei Fohlen und jüngeren Pferden muß man besonders bei Weidehaltung immer mit Wurmbefall rechnen. Der Tierarzt sollte zweimal jährlich Kotproben untersuchen (13).

Behandlung und Vorbeugung

Da die durch den Körper wandernden Wurmlarven am meisten Schaden anrichten, ist die Vorbeugung so wichtig. Man muß durch spezielle und sorgfältig durchgeführte Wurmkuren (14) den Befall weitgehend einschränken, damit weniger Wurmeier mit dem Kot abgehen. Eine vollständige Vernichtung aller Würmer ist nicht möglich, da das Larvenstadium meist nicht abgetötet wird. Üblicherweise entwurmt man im Frühjahr und im Herbst. Trächtige Stuten sollen vier bis sechs Wochen vor der Geburt und Saugfohlen mit etwa acht Wochen entwurmt werden. Heute wird für Weidepferde eine Wurmkur bereits alle sechs Wochen empfohlen; in der Praxis ist dies kaum durchführbar. Vier Wurmkuren jährlich sollten bei gefährdeten Pferden jedoch vorgenommen werden. Dabei sollte man Medikamente mit demselben Wirkstoff nach mehrmaliger Benutzung wechseln, weil manche Rundwurmarten gegen Wirkstoffe widerstandsfähig werden können.
Bereits abgemagerte und geschwächte Tiere bekommen das Wurmmittel am besten durch die Magenschlundsonde (15) vom Tierarzt, der gegen die Blutarmut und Schwäche auch Eisen und Vitamin B spritzen kann.
Genauso wichtig wie die Behandlung gegen Würmer ist die Verhütung einer Neuinfektion. Eine einfache und lohnende Maßnahme ist die tägliche Entfernung der »Roßäpfel«. Da Pferde bestimmte Plätze zum Abmisten bevorzugen, ist das keine so unmögliche Aufgabe. Das Ausbreiten des Mistes hat nur Sinn bei trockenem und heißem Wetter, weil nur starke Sonnenbestrahlung Wurmeier tötet; sonst ist diese Maßnahme schädlicher, als täte

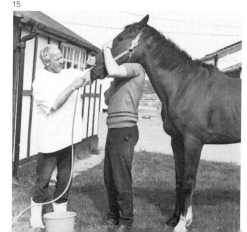

16

man gar nichts. Besser ist es, alle vier Wochen die Weide zu wechseln und anschließend abzumähen. Auch das abwechselnde Beweiden durch Rinder und Pferde hat sich bewährt. Auf keinen Fall darf man zu kleine Koppeln längere Zeit hintereinander benutzen.

Zwei andere Parasiten

Ferner gibt es zwei andere Parasiten, die beide ein Teil des Lebenszyklus einer Fliegenart sind: 1. Pferdedasseln, 2. Rinderdasseln.

Pferdedasseln

Diese auch Magenbremsen genannten Fliegen sind besonders auffällig bei warmem Sommerwetter, und die Pferde werden oft aufgeregt, wenn sie in der Nähe sind.

Pferdedasseln erscheinen ungefähr vom Juni bis September auf den Weiden. Sie gleichen in vieler Hinsicht der gewöhnlichen Hummel, können aber weder beißen noch stechen. Jedoch legen sie ihre Eier auf die Haarspitzen an den Vorderbeinen, gewöhnlich an der Röhre oder gleich oberhalb des Vorderknies an der Innenseite. Aus den Eiern schlüpfen kleine Larven, die das Pferd beim Lecken mit dem Maul aufnimmt. Dort bohren sich die Larven in die Zunge oder Backen und bleiben während zwei bis vier Wochen dort, ohne störend zu wirken.

Vom Maul wandern sie in den Magen: Sie kommen aus ihren Höhlen hervor und werden geschluckt. Im Magen entwickeln sie sich zu größeren Larven, und mittels ihrer Zähne klammern sie sich an der Innenwand des Magens fest (16). Sie ernähren sich vom Futter des Pferdes und bewirken in der Zone, wo sie sich festhalten, eine leichte Magenentzündung. Sind die Dasseln zahlreich vorhanden, kann diese Stelle sehr groß sein, und gelegentlich verschließen sie den Durchgang für die Nahrung.

Während des ganzen Winters bleiben sie im Magen, und im folgenden Frühling

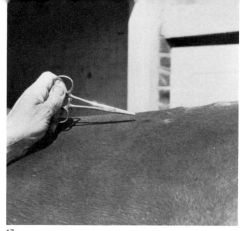

17

(gewöhnlich etwa im Mai) lösen sie ihren Halt, gehen mit dem Mist ab und entwickeln sich zu ausgewachsenen Fliegen.

Krankheitserscheinung
In kleinen Mengen scheinen sie wenig Schwierigkeiten zu bereiten, bei schwerem Befall aber kann das Pferd an Kondition verlieren, unbeständigen Appetit aufweisen und sogar wiederholt von Kolik befallen werden.

Behandlung
Man überläßt sie tunlichst dem Tierarzt, da die Mittel (meist auf der Basis von Phosphorverbindungen) sehr sorgfältig dosiert und oft mit der Nasenschlundsonde eingegeben werden müssen.

Vorbeugung
Während der Fliegenzeit bürstet man täglich die Eier von den Vorderbeinen ab. Die wenigen Eier, die dann noch in den Magen des Pferdes gelangen, können nur geringen oder gar keinen Schaden anrichten. Bewährt hat sich das Schneiden der Haare an den Vorderbeinen mit dem Rasierapparat.

Rinderdasseln
Rinderdasseln sind bei Pferden weit weniger häufig als beim Vieh. Werden Pferde jedoch von ihnen befallen, kann dies beträchtlichen Schmerz und Schaden verursachen.

Wie die Pferdedasseln lieben auch die Rinderdasseln warmes Wetter und erscheinen im Sommer. Die Eier werden beim Ansatz der Haare und an den unteren Teilen *von allen vier Beinen* abgelegt. Dort schlüpfen winzige Larven aus den Eiern, die die Haut durchdringen und den ganzen Körper durchwandern, bis sie schließlich beim Rücken anlangen, häufig gleich in der Sattellage.

Sie erscheinen als kleine, schmerzhafte Knollen unter der Rückenhaut (17). Beim Vieh kommen die ausgewachsenen Larven durch die Haut heraus und entwickeln sich zu einer neuen Generation von Flie-

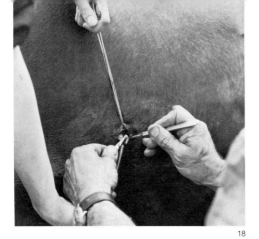

gen, bei Pferden dagegen sterben die Larven oft unter der Haut ab. Man läßt diese kleinen Beulen am besten strikt in Ruhe und legt auf keinen Fall einen Sattel darüber. Kommt es zu einem Abszeß, muß der Tierarzt die abgestorbene Larve entfernen (18).

Eine Verhütung ist nur dadurch möglich, daß bei den benachbarten Rinderbeständen die Dasselbehandlung konsequent durchgeführt wird.

Hautpilz (Glatzflechte)

Hautpilzbefall (1) ist wie beim Menschen auch beim Pferd und anderen Tieren eine ansteckende Krankheit. Die Ursache sind verschiedene Hautpilzarten (Fungi).

Wie wird das Pferd davon befallen?

Die Krankheit ist das Ergebnis von direktem Kontakt mit einem infizierten oder »Träger«-Pferd. Ein »Träger« ist ein Tier, das den Pilz überträgt, ohne selber irgendwelche klinische Anzeichen der Krankheit aufzuweisen. Sogar geheilte Pferde bleiben manchmal »Träger«. Das Pferd kann den Pilz auch von infizierten Boxen oder Transportern (2) oder von infiziertem Putzzeug, Pferdedecken, Sätteln usw. bekommen.

Krankheitserscheinung

Zuerst wird sich das Haar an kleinen, kreisförmigen Stellen aufrichten. Dann wird es an diesen Stellen ausfallen, und runde, kahle Flecken bleiben zurück (3). Diese runden Stellen können verschorfen oder sich citrig infizieren.

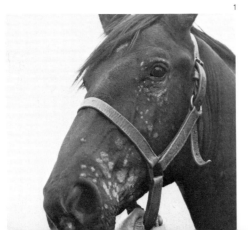

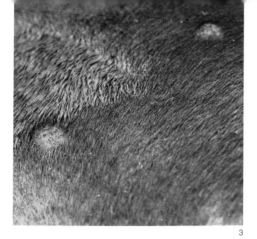

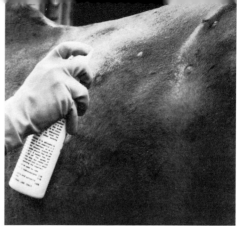

Die Hautpilz verursachenden Fungi sind aerob, d. h., sie benötigen Sauerstoff, so daß bei der Verkrustung der befallenen Stellen jene in der Mitte absterben und die lebenden Fungi von der Mitte weg nach außen vorrücken; dabei rufen sie die typische runde Erscheinungsform des Pilzes hervor.

Die Diagnose wird auf Grund der charakteristischen Ausbreitung der runden Flekke gestellt. Manchmal ist jedoch zur Unterscheidung von anderen Hauterkrankungen die Laboruntersuchung eines Hautgeschabsels notwendig. Der Tierarzt kann auch einen Tesastreifen aufkleben und diesen dann an die Untersuchungsstelle schicken.

Behandlung

Ein befallenes oder verdächtiges Pony oder Pferd sollte isoliert werden.
Alles Putzzeug, Decken, Futtergerät usw. müssen regelmäßig desinfiziert werden (4) und dürfen ausschließlich für jenes bestimmte Pferd benützt werden.

Die befallenen Stellen sollen drei Wochen lang einmal wöchentlich mit einem zuverlässigen, nichtreizenden Fungizid behandelt werden (5), das vom Tierarzt verschrieben wird. Es ist gut, wenn die Stellen zuerst mit heißem Wasser und Soda tüchtig gereinigt werden, um die Krusten zu entfernen. Nie das ganze Pferd waschen; Pilzinfektionen gedeihen bei Feuchtigkeit besonders gut.

Ein wichtiger Punkt darf nicht vergessen werden: Pferde-Hautpilz ist für Menschen ansteckend, weshalb man auf Hände und Fingernägel besonders achten sollte. Wenn das mit Hautpilz befallene Pferd geputzt wird (6), sollte man immer Gummihandschuhe tragen, und die Handschuhe sollten zusammen mit dem Putzzeug in ein Desinfektionsmittel gelegt werden.
Das Fungizid »Griseofulvin« wirkt über den Blutstrom und ist als Medizinalfutter unter verschiedenen Firmennamen (z. B. Fulcin) erhältlich. Die Behandlung ist meist sehr wirkungsvoll.

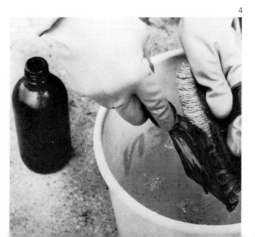

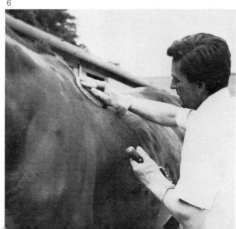

Vor allem bei jungen Pferden heilt Glatzflechte oft ohne Behandlung, wenn die Tiere im Frühjahr auf die Weide kommen. Um Neuinfektionen zu vermeiden, müssen Putzzeug, Geschirr und Stallwände desinfiziert werden, da sich Hautpilze jahrelang ansteckungsfähig halten können.

Schweifekzem

Vor allem während des Sommers kommt es relativ häufig zu Entzündungen der Haut an der Schweifwurzel und im Bereich der Mähne (Mähnengrind).

Krankheitserscheinung
Verkleben der Haare, Hautrötung und starker Juckreiz, der zu Scheuern gegen Gatter oder Pfosten führt. Die betroffenen Stellen werden kahl und wund (1).

Ursache
In Frage kommt Befall mit Saugmilben *(Psoroptes)*, die bei warmem Wetter aktiv werden. Verschiedene Rundwurmarten, die ihre Eier nachts am After ablegen, verursachen ebenfalls starken Juckreiz, der zu Schwanzscheuern führt. Häufig handelt es sich um Allergien gegen bestimmte Pflanzen oder chemische Stoffe in Reinigungsmitteln, aber auch um eine Überempfindlichkeit gegen Insektenstiche (s. S. 74) oder die Folge von Verdauungsstörungen. Ein wesentlicher Faktor bei allen Hautentzündungen ist häufige Durch-

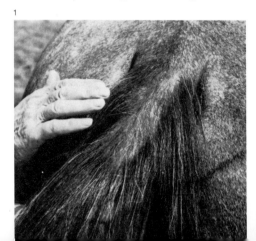
1

nässung zusammen mit Schweiß und Schmutz. Durch das Scheuern oder durch scharfes Striegeln werden Bakterien in die Haut eingerieben. Entzündungsgefahr!

Behandlung
Der Tierarzt wird mit dem Mikroskop nach Milben oder am After haftenden Wurmeiern suchen.
Gegen Milben hat sich die tägliche Anwendung einer 10%igen Lösung von Benzylbenzoat in Alkohol als das wirksamste Mittel bewährt. Die Lösung soll nicht eingerieben, sondern 14 Tage einmal täglich mit einem getränkten Wattebausch aufgetragen werden (2). – Kortison als Salbe oder Spray, notfalls auch als Injektion, wirkt sehr schnell gegen die Hautentzündung, nach Absetzen der Behandlung erfolgt jedoch meist ein Rückfall. Vitaminreiche Fütterung ist wichtig, ebenso die Versorgung mit Calcium und Spurenelementen. Arsen (Fowlersche Lösung) in steigender und fallender Dosierung kann manchmal schnelle Besserung bringen.

Sommerekzem oder Sommerräude

Vor allem langhaarige Robustpferde leiden im Sommer oft an Juckreiz. Die Ursache ist meist schwer zu klären. Sicher spielen allergische Reaktionen eine Rolle. Als Auslöser kommen in Frage: Klimafaktoren, Insektenstiche, zu üppige oder einseitige Fütterung und Haarwechsel. Es kann sich auch um Zinkmangel oder ein falsches Verhältnis von Phosphor zu Calcium handeln.
Neben den beim Schweifekzem genannten Behandlungsmöglichkeiten können Mineralecksteine, tagsüber Aufstallen mit Heufütterung, Lebertran-Zink-Salben, Triplexan, Penochron, Kill-itch, Schwefelsalben und ähnliche Präparate versucht werden. Bei hartnäckigen Ekzemen sollte man homöopathische Mittel oder die unspezifische Reiztherapie probieren. Letztere kann mit Eiweißpräparaten oder mit Eigenblutinjektionen durchgeführt werden.
Tägliches Putzen ist vorteilhaft. Vorsicht bei dünnhäutigen Warmblutpferden: Die Haut beim Striegeln nicht reizen!

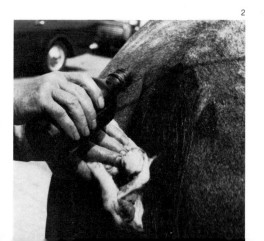

2

»Sweet itch« (Ekzem durch Mückenstiche)

Unter »Sweet itch« versteht man ein Ekzem, das als Folge von Mückenstichen bei etwa 2–3% der Pferde auftritt.

Ursache
Stiche der Mücke Culicoides pulicans, welche von April bis Oktober ausschließlich eine Stunde vor bis etwa eine Stunde nach Sonnenuntergang Pferde am Rücken sticht.

Krankheitserscheinung
Quälender Juckreiz von der Mähne bis zum Schweif, der die Pferde zum ständigen Scheuern veranlaßt.

Behandlung und Vorbeugung
Ähnlich wie beim Schweifekzem; vor allem Kortisonpräparate sind als Injektion und Einreibung wirkungsvoll. Rationeller ist es, das Pferd vor Mückenstichen zu schützen und es nachmittags ab 16 Uhr bis zur Dunkelheit im Stall zu halten. Dort hängt man Insektenstreifen auf oder stellt einen Insektenvernichter (1) auf.

Fußräude

Ursache
Die Fraßmilbe *Chorioptes equi* lebt vorzugsweise auf der Haut von Fessel und Krone der Hinterhand, und dies besonders häufig bei Pferden mit langen Fesselhaaren.

Krankheitserscheinung
Juckreiz, der sich in Stampfen und Schlagen äußert. Am Fuß ein borkiges Ekzem, mit der Zeit bilden sich feuchte Krusten (1). (Siehe auch S. 164 ff.)

Behandlung
Kräftigung der Widerstandskraft durch bessere Fütterung, durch Waschen mit Schmierseife und dann dreimaliges Einbürsten eines Kontaktinsektizids im Abstand von jeweils sieben Tagen.

1

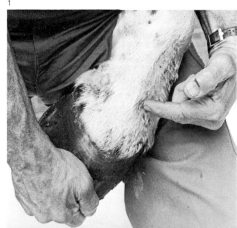

1

Tetanus (Wundstarrkrampf)

Diese Krankheit gehört zu den größten potentiellen Feinden von Pferd, Pony, Maultier und Esel.

Ursache

Das Clostridium tetani – ein Erreger, der Sporenbildner genannt wird, weil die Bakterien sich mit einer dicken Schutzschicht umgeben, die von Wissenschaftlern als »Sporen« bezeichnet werden. Abbildung 1 zeigt sporentragende Tetanuserreger in einer mikroskopischen Aufnahme von Wundeiter.

Tetanussporen können viele Jahre im Boden ruhend verbringen, vorausgesetzt, daß ihnen eine Minimalmenge an Feuchtigkeit zugänglich ist. Deswegen wird der Tetanuserreger häufiger in feuchtem Akkerland oder schwerem Boden als auf altem, leichtem, trockenem Dauerweideboden gefunden.

Infektionsweg

Eine tiefe Stichwunde bildet den idealen Ort, damit die Tetanussporen aktiv werden können (2). In einer solchen Wunde gibt es wenig oder gar keine Luftzufuhr, und als anaerobe Erreger (d. h. Bakterien, die Sauerstoff oder Luft nicht ertragen) werfen sie ihre Schutzschicht ab und beginnen sich auf der Stelle zu vermehren. Die Bakterien treten nicht in den Blutstrom ein, aber scheiden ein giftiges Abfallprodukt aus, welches Toxin genannt wird. Dieses Toxin wandert von den Nervenenden an den Nerven entlang zum zentralen Nervensystem und zerstört dessen Funktion. Die daraus resultierenden Krankheitserscheinungen variieren je nach der Toxinmenge und dem Ausmaß der Nervenschädigung.

Krankheitserscheinung

Nach einer Inkubationszeit von etwa 8 bis 30 Tagen sind die ersten Anzeichen der Krankheit zu erkennen. Das Pferd ist zunächst auffallend schreckhaft. Dann folgt das Vorstrecken des Kopfes (3, S. 76) mit geblähten Nüstern, was dem Maul eine eckige Form gibt. Die Beine sind etwas

Sporentragende Tetanuserreger

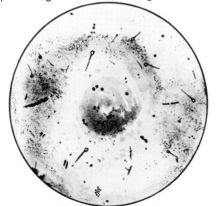

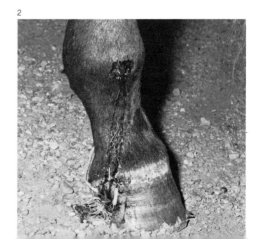

weiter auseinander gestellt als normal, vor allem die hinteren, wobei die Sprunggelenke nach außen gerichtet sind und der Schweif erhoben ist. Zur Bewegung veranlaßt, geht das Pferd steif, als ob es Angst hätte.

Wird der Handrücken scharf gegen den unteren Teil des Unterkiefers geschlagen (4), kann die Nickhaut am Auge (die Membrana nicitans) über das Auge fallen. Dies ist absolut diagnostisch für Starrkrampf.

Während die Krankheitssymptome fortschreiten, wird das Pferd immer erregter. Es bekommt Atemnot, und die Kiefer können sich fest schließen, wobei die Gesichtsmuskeln steif und hart werden. Der Patient kann in diesem Zustand weder fressen noch trinken.

Behandlung

Eine Behandlung ist selten erfolgreich und hat nur Chancen, wenn sich die Krankheitssymptome langsam eingestellt haben. Akut einsetzende Fälle kommen schnell zum Festliegen, solche Tiere sollten sofort geschlachtet werden. Wenn das Pferd jedoch mit Hilfe der neuen Beruhigungsmittel (Hypnodil) und Seruminjektionen direkt in die Gehirn-Rückenmarksflüssigkeit behandelt wird, die erste Woche überlebt und noch frißt, kann es sich sehr langsam erholen.

Vorbeugung

Jedes Pferd sollte im Alter von vier Monaten eine Grundimmunisierung mit Tetanus-Toxoid erhalten. Sie besteht aus zwei Injektionen im Abstand von sechs bis acht Wochen. Nach einem Jahr erfolgt die erste Wiederholungsimpfung, weitere Impfungen müssen alle zwei bis vier Jahre erfolgen.

Bei tiefen Verletzungen sollte das Pferd ein Tetanus-Hochimmunserum erhalten, wenn die letzte Impfung mit Toxoid länger als ein Jahr zurückliegt. Alle nicht gegen Wundstarrkrampf geimpften Pferde *müssen* bei jeder Verletzung, und sei sie noch

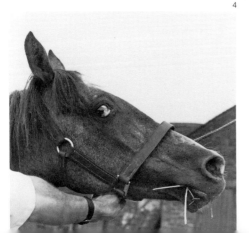

so unscheinbar, Tetanus-Serum bekommen (5). Tetanus-Toxoid, also der aktive Impfstoff, und Serum können auch gleichzeitig angewendet werden (Simultan-Impfung). Bei sehr schweren Verletzungen muß manchmal die Seruminjektion wiederholt werden. Eine zweite Impfung mit Toxoid ist jedoch in jedem Fall erforderlich.

Die kombinierte Impfung gegen Starrkrampf und Virusinfektionen der Atemwege – Pferdegrippe oder Rhinopneumonitis – ist nicht ratsam. Auch sollte zwischen zwei Impfungen immer ein Abstand von mindestens zwei Wochen liegen.

Impf- und Entwurmungsplan

Fohlen
☐ 10 Tage: Entwurmung Zwergfadenwürmer (nur falls nachgewiesen).
☐ 2 Monate: Entwurmung Palisaden-/Spulwürmer, weitere Entwurmungen alle sechs Wochen.

☐ 4 Monate: Impfung Wundstarrkrampf; zweite Impfung nach sechs bis acht Wochen; dritte Impfung nach einem Jahr.
☐ 4–5 Monate: Virusinfektion Atemwege; zweite Impfung nach acht bis zehn Wochen (Resequin); dritte Impfung nach sieben Monaten.

Ältere Pferde
☐ Entwurmung bei Koppelhaltung alle sechs bis acht Wochen, bei Stallhaltung nach Bedarf (Kotproben).
☐ Im Spätherbst kombinierte Behandlung Rundwürmer und Magendasseln.
☐ Tetanusimpfung alle zwei bis vier Jahre.
☐ Virusinfektion Atemwege alle neun Monate.

Zuchtstuten
☐ Entwurmung sechs Wochen vor Geburt.
☐ Impfung Virusabort: Resequin in allen Stadien der Trächtigkeit; Prevaccinol im 3.–4. und 7.–8. Trächtigkeitsmonat.

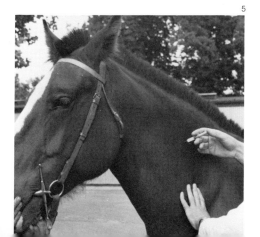

Transport-Tetanie

Diese Erkrankung wirkt sich mit Krämpfen und Erregungszuständen ähnlich aus wie Wundstarrkrampf, jedoch ohne den für diesen typischen Vorfall der Nickhaut. Befallen werden hauptsächlich Stuten, jedoch auch Absatzfohlen, die direkt von der Weide aus auf einen längeren Transport gehen (1).

Krankheitserscheinung
Die Nüstern kräuseln sich, und der Kiefer wird starr verkrampft. Der Patient beginnt zu schwanken und zu schwitzen und kann nicht urinieren. Wenn zur Bewegung gezwungen, weist er eine übertrieben hohe Aktion auf. Die Temperatur kann bis über 40 °C ansteigen, und der Puls ist beschleunigt. Die Krankheitssymptome sind alarmierend, und wenn das Leiden nicht schnell und genau behandelt wird, kann es lebensgefährlich werden. Vor langen Fahrten sollten Weidetiere aufgestallt werden.

Behandlung
Calcium ist das wesentliche Mittel. Der Tierarzt wird es in einer Lösung dem Pferd in die Vene und unter die Haut einspritzen. Er wird möglicherweise auch ein Muskelrelaxans und ein Antibiotikum einspritzen.
Die Erholung erfolgt meist überraschend schnell. Innerhalb einer Stunde kann das Tier normal harnen und beginnt wieder zu fressen.
Andere Transportschäden sind Leberstörungen bei hochträchtigen Ponystuten. Hier ist besondere Aufmerksamkeit auf vorherige Aufstallung und gleichbleibende Fütterung zu richten. Bei Hitzschlag in engen Transportern das Pferd mit kaltem Wasser übergießen und kalte Einläufe machen. Tierarzt rufen!

Nesselfieber
(Urticaria)

Unter Nesselausschlag versteht man eine Allergie, die sich in schnell entstehenden Quaddeln auf der Haut äußert.
Gerade Pferde haben oft eine Überempfindlichkeit gegen bestimmte Stoffe wie die Ausscheidungen mancher Pflanzen, z. B. Brennesseln (1), und Insekten oder auch gegen bestimmte Lederkonservierungsmittel.

Krankheitserscheinung
Quaddeln über den ganzen Körper verteilt, am ausgeprägtesten meistens am Kopf und Hals sowie unter dem Bauch (2). Manchmal kommt es zu solchen Schwellungen am Hals, daß Atembeschwerden entstehen.

Behandlung
Es sieht schlimmer aus, als es ist. Der Tierarzt kann durch Antihistamininjektionen den Zustand fast schlagartig beseitigen. Kann er jedoch nicht gleich kommen, vergehen die Schwellungen innerhalb kurzer Zeit auch von selber.

Gefährlicher ist die Überempfindlichkeit mancher Pferde gegen gewisse Nahrungsstoffe, wie z. B. grüner Roggen, der Hufrehe verursachen kann. Ebenso wie Menschen gibt es auch Pferde, die Penizillin nicht vertragen und davon schreckliche Schwellungen bekommen. Man sollte deswegen ein Pferd, das zum ersten Mal eine solche Injektion erhalten hat, etwa eine Stunde lang beobachten.

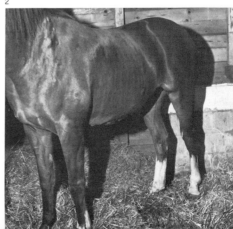

Blutfleckenkrankheit (Petechialfieber)

Es handelt sich um eine Schädigung der Blutgefäße, so daß es zu Schleimhautblutungen und Schwellungen kommt. Die Ursache sind allergische Reaktionen als Folge von Infektionskrankheiten wie Druse, gelegentlich auch von Impfungen. Am häufigsten tritt Petechialfieber bei Pferden mit geschwächter Widerstandskraft auf.

Krankheitserscheinung

Als erstes Anzeichen werden gewöhnlich Schwellungen an der Brust und entlang dem Bauch (1) festgestellt. Beinschwellungen sind besonders am Übergang zum Rumpf bemerkbar. Der Kopf schwillt vor allem im Bereich von Nüstern und Lippen unförmig an (Nilpferdkopf) (2).
Die Schwellungen bei der Blutfleckenkrankheit zeigen ganz charakteristische eckige Ränder, sind nicht schmerzhaft und lassen sich eindrücken. Auf der Nasenschleimhaut erscheinen winzige Blutpunkte (Petechien). Derartige Blutungen können auch im Unterhautgewebe und in den Organen auftreten. Aus den Nasenlöchern und anderen Körperöffnungen fließt wäßrig-blutiger Ausfluß (3). Die Körpertemperatur steigt nur mäßig an, der Puls ist erhöht. Meistens verweigern solche Pferde Futter und Wasser.

Behandlung

Eine spezifische Behandlung gibt es nicht. Der Tierarzt wird gegen die Allergie Antihistamine und Kortisonpräparate spritzen, bewährt haben sich auch Bluttransfusionen. Überwindet ein Pferd die Krankheit, braucht es lange, um sich zu erholen.

Shire Zuchtstuten mit Fohlen.

Fohlen mit Hämolytischer Krankheit (s. S. 28).

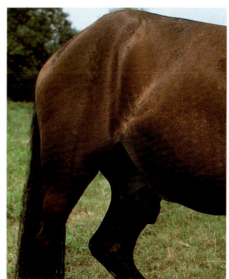
Schwellung am Schlauch nach Kastration (s. S. 34 ff.); unbedenklich, solange das Pferd noch frißt.

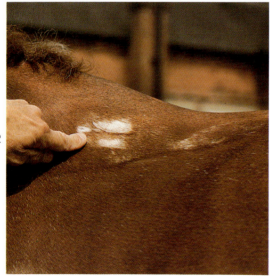

Richtiges Füttern (s. S. 57 ff.) ist äußerst wichtig. Dieses Pferd ist ein gutes Beispiel für eine korrekte Fütterung.

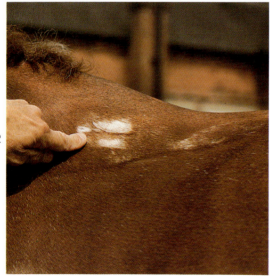

Druckstellen durch schlechtsitzenden Sattel oder falschen Sitz des Reiters (s. S. 55).

Typische Stichwunde (s. S. 42), in diesem Fall durch einen Pfahl. Hier besteht akute Gefahr von Wundstarrkrampf.

Jährlinge wie diese sind besonders gefährdet durch Rundwurmbefall, weil noch keine Immunität besteht (s. S. 65 ff.).

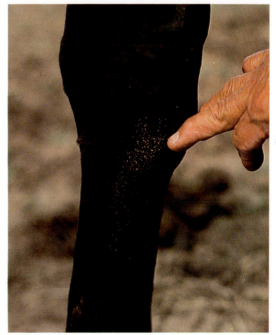

Eier der Pferdedasseln auf den Haarspitzen der Vorderbeine (s. S. 68).

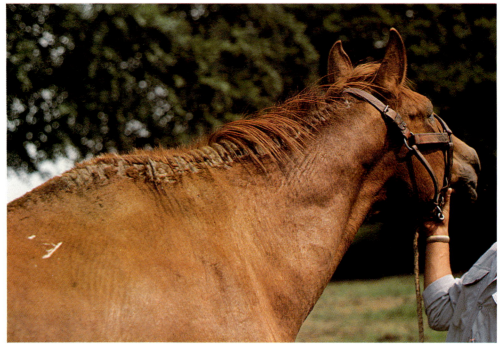

Ekzem (»Sweet itch«) als Folge von Mückenstichen, die durch rechtzeitiges Einstallen verhindert werden (s. S. 74).

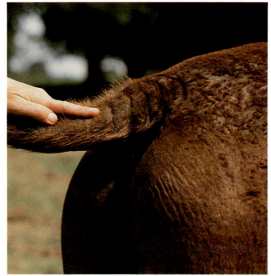

Schweifekzem durch Räudemilben; charakteristisch der kahle Schwanzansatz (s. S. 72).

Melanom an der Ohrspeicheldrüse mit weiteren knotigen Neubildungen am Ohrgrund (s. S. 89).

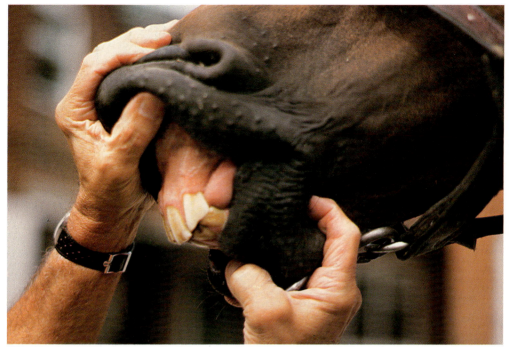

Ein »Karpfengebiß«, bei dem die Zähne des Oberkiefers über die Zähne des Unterkiefers ragen, kann vor allem das Grasen erschweren.

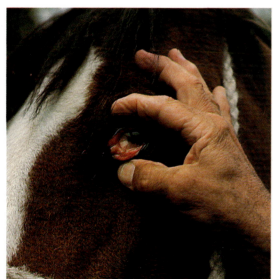

Ein kleiner Tumor auf der Nickhaut (s. S. 102), der chirurgisch entfernt werden muß.

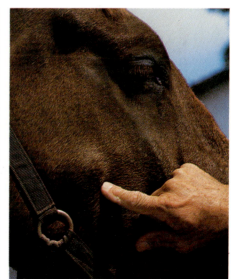

Ein Abszeß an der Wurzel eines abgebrochenen Backenzahnes, der entfernt werden muß (s. S. 98).

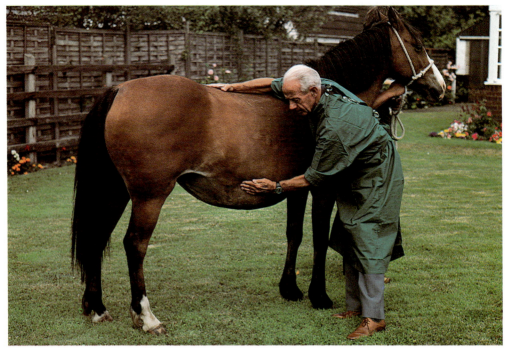

Die Dampfrinne bei einem dämpfigen Pferd (s. S. 121 f.).

Charakteristisch für eine Kniegelenkentzündung (s. S. 141) sind der Stand auf dem Zehenteil und die schmerzhafte Schwellung des Gelenks.

Die typische Silhouette bei Kropf oder Vergrößerung der Schilddrüse (s. S. 117). Dieses Pferd wurde mit täglichen Gaben von kleinsten Jodmengen behandelt.

Knochenriß durch den Tritt eines beschlagenen Pferdes (s. S. 154). Behandlung durch einen Stützverband.

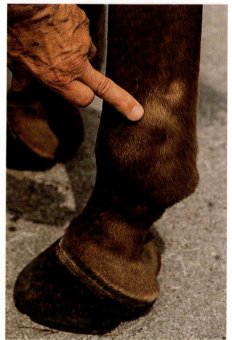

Fesselgelenkgalle. Die vermehrte Füllung der Gelenkkapsel ist ein Schönheitsfehler (s. S. 152).

Kreuzgallen (s. S. 152) entstehen durch vermehrte Füllung der Sehnenscheiden am Sprunggelenk. Am besten läßt man die Finger davon.

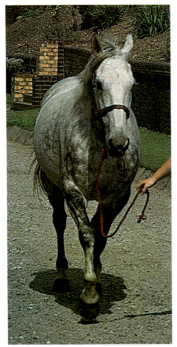

Oben links: Der typische Gang bei Strahlbeinlahmheit (s. S. 178 ff.) ist kurz mit aufgesetztem Zehenteil.

Oben rechts: Hufbeschlag mit einer Schutzsohle zwischen Huf und Eisen (s. S. 170).

Trachtenenger Huf bei Strahlbeinlahmheit (s. S. 178).

Melanome

Dieses Leiden tritt fast ausschließlich bei grauen oder weißen Pferden auf.

Krankheitserscheinung
Gewöhnlich entstehen viele kleine, harte Knollen um den After und innen am Schweifansatz (1).
Auch am Kopf, vor allem der Ohrspeicheldrüse, und am Schlauch finden sich diese meist bösartigen Neubildungen. Ihre Ausbreitung erfolgt sehr langsam, und sie stören das Pferd zu Anfang nur, wenn es an den Knoten zu Gewebszerfall kommt. Wenn sie sich allerdings im Beckenraum ausbreiten, geht das Pferd lahm. Bei Schimmeln sollte in diesem Fall stets rektal untersucht werden.

Behandlung
Es gibt keine. Die äußerlich sichtbaren Knoten sollten möglichst in Ruhe gelassen werden.

Warzen (Papillomatosis)

Wie bei allen Tieren sind auch bei Pferden und Ponys Warzen, mild ausgedrückt, eine lästige Sache (1), vor allem im Sommer, wenn Fliegen sich besonders diese Stellen aussuchen. Die hartnäckige Irritation durch Fliegenbisse macht das Tier unruhig und schlecht gelaunt.
Überdies können Warzen, vor allem am Schlauch, zu bösartigen Neubildungen führen.

Ursache
Man kann heute mit ziemlicher Sicherheit sagen, daß Warzen durch einen Virus verursacht werden. Die Viren sind noch nicht identifiziert, aber es können Impfstoffe gegen sie hergestellt werden.

Behandlung
Auch die kleinste Warze oder Warzengruppe sollte ohne Verzögerung behandelt werden. Moderne Warzenbehandlungsmittel sind außerordentlich wirksam, vorausgesetzt, daß die Anzahl der Warzen nicht überwältigend groß ist. Das ent-

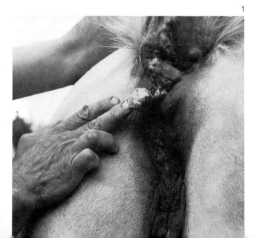

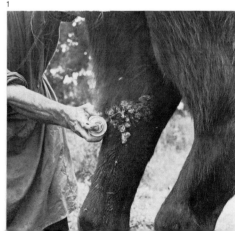

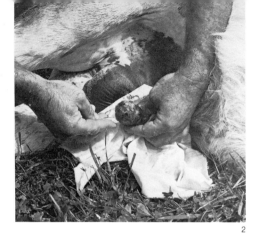

sprechende Mittel kann der Veterinär verschreiben.
Breitet sich die Infektion stark aus, sollte der Tierarzt eine Probe des Warzengewebes einsenden und einen autogenen Impfstoff gegen den Virus herstellen lassen.
Wächst die Warze hartnäckig oder an einer lebenswichtigen Körperstelle des Ponys, wird sie der Tierarzt vielleicht auf chirurgischem Weg entfernen müssen (2). Gestielte Warzen können abgebunden werden. Praktisch sind dafür eine Spannzange, wie sie zum Enthornen benutzt wird, und der dazugehörige Gummiring (3). Länger dranbleibende Abschnürungen sind jedoch eine mögliche Eintrittspforte für die Erreger des Wundstarrkrampfs, und die Schutzimpfung ist erforderlich. (Anm. d. Übers.: In den meisten Fällen schrumpfen Warzen innerhalb von drei bis vier Monaten und fallen von selber ab.)

Kreuzlähme

Unter dieser Bezeichnung versteht man alle Erscheinungen, die sich in einem schwankenden, d. h. inkoordinierten Gang der Hinterhand ausdrücken (1).

Ursache
Meistens ein Sturz beim Springen. Auch beim Niederlegen eines unbetäubten Pferdes für eine Operation kann es zu Schäden am Rückgrat kommen, die dem Bandscheibenschaden des Menschen entsprechen. Die Zwischenwirbelscheiben werden dabei gegeneinander verschoben.

Behandlung
Sie besteht im wesentlichen in Ruhe, Auflegen von Wärmepackungen und Schmerzlinderung durch Butazolidin oder Kortison. Wenn möglich, ist Weidegang empfehlenswert. Wichtig ist eine genaue Diagnose, möglichst mit Röntgenuntersuchung, um hoffnungslose Fälle von Wirbelbruch der Schlachtung zuzuführen. Wirbelverletzungen, bei denen Kno-

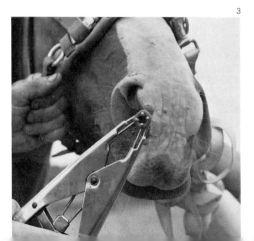
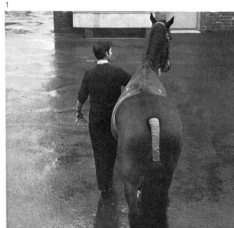

chensplitter in den Wirbelkanal eindringen, können operativ behandelt werden. Abbildung 2 zeigt ein Pferd, dem ein Knochensplitter entfernt wurde.

Spondylose, eine chronische Degenerationserscheinung der Wirbelsäule, führt ebenso wie Muskelschmerzen im Rücken zu »Sattelzwang«. Handelt es sich um muskelbedingte Schmerzen, so können sie mit Butazolidin und vernünftigem Arbeitseinsatz des Pferdes meist erfolgreich bekämpft werden.

»Sattelzwang« und Unwillen zu springen können auch die Folge von vergrößerten Dornfortsätzen der Brust- und Lendenwirbel sein. Drückt man mit den Fingern auf diesen Bereich, zeigt das Pferd Schmerzen. Die operative Entfernung der überlappenden Dornfortsätze ist möglich.

Krebs

Außer den bereits besprochenen Melanomen (s. S. 89) gibt es beim Pferd Hautkrebs. Verhältnismäßig oft treten diese geschwürig zerfallenden Neubildungen am Penis oder an der Nickhaut des Auges auf.

Lymphosarkome entstehen aus einem Lymphknoten, häufig handelt es sich dabei um die Lymphknoten der Därme. Mit der Zeit wuchert das Krebsgewebe in die Darmwand ein, die dann deutlich an Stärke zunimmt. Das führt zu Verdauungsstörungen mit Abmagerung (1) und zeitweiligen oder anhaltenden Durchfällen.

Die Diagnose ist schwierig, da das Blutbild nicht immer die typischen Veränderungen zeigt. Letzte Klärung kann nur eine Öffnung der Bauchhöhle bringen. Es gibt keine Behandlungsmöglichkeit.

Tuberkulose

Seit der Tilgung der Rindertuberkulose ist die Tuberkulose beim Pferd äußerst selten geworden, da die Ansteckung fast immer in verseuchten Rinderställen erfolgte.

Leptospirose

Hierbei handelt es sich auch um eine Zoonose, eine Infektion, die außer Tiere den Menschen befallen kann. Leptospiren gibt es in zahlreichen Serotypen, beim Pferd handelt es sich meist um Leptospira pomona. Diese Bakterien halten sich in feuchter Umgebung wochenlang ansteckungsfähig, Pferde infizieren sich meist durch Ratten- und Mäuseharn. Durch Blutproben läßt sich die Infektion nachweisen. Die Krankheitserscheinungen bestehen neben vorübergehendem Fieber vor allem in einer Leberentzündung, in deren Folge Mattigkeit und Verhaltensstörungen auftreten können, ebenso wie Aborte im letzten Drittel der Trächtigkeit.

Schlundverstopfung

Ein ernster Zustand: Die Verbindung zwischen Maul und Magen ist verstopft.

Ursache
Entweder ein Apfel oder ein Rübenstück bleibt hinter dem Kehldeckel stecken, oder trocken verfütterte Kleie (1) oder nicht eingeweichte Rübenschnitzel füllen den Schlund wie eine pralle Wurst.

Anzeichen
Husten, Schleim rinnt aus dem Maul (2), das Pferd kann nicht fressen und hustet geschlucktes Wasser heraus.

Behandlung
Der Tierarzt spritzt krampflösende Mittel. Fremdkörper gehen dann entweder von selber ab, oder sie müssen durch das Maul herausgeholt werden. Rübenschnitzel oder Kleie werden mit zwei Schlundsonden in stundenlanger Arbeit herausgespült. Kleie und Schnitzel immer vorher einweichen! Pferde im Herbst nicht unter Apfelbäumen grasen lassen.

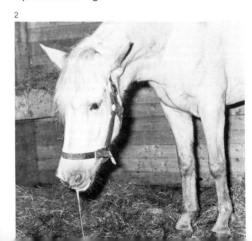

Lichtkrankheit (Photophobie)

Sie beruht auf einer Überempfindlichkeit der Haut gegen Sonnenbestrahlung und befällt meist Schimmel oder weiße Abzeichen am Kopf oder den Beinen.

Ursache
Die Überempfindlichkeit wird durch bestimmte Stoffe ausgelöst, die z. B. in Johanniskraut, Buchweizen oder in dem Wurmmittel Phenothiazin enthalten sind. Lichtempfindlichkeit kann auch durch Leberstörungen oder zuviel Klee ausgelöst werden.

Krankheitserscheinung und Behandlung
Hautausschlag, der bis zum Absterben der befallenen Hautpartien (1) führen kann. Sofortiges Aufstallen in einem verdunkelten Stall, Futterwechsel (Heu), Injektionen mit Antihistaminen und/oder Kortison und lindernde Salben oder Lotionen.

Salmonellose (Paratyphus)

Eine Reihe der zahlreichen Arten von Salmonellen verursachen bei Pferden einerseits Aborte und andererseits Infektionen des Verdauungsapparates.

Ursache
Das ansteckende Verfohlen wird beim Decken, vor allem jedoch durch infiziertes Fruchtwasser und Eihäute übertragen.
Salmonellose als Allgemeinerkrankung bricht meist erst im Anschluß an besondere Belastung des Organismus aus. Dazu gehören unzureichende Ernährung, starker Wurmbefall oder Streß durch Entwurmung ebenso wie Streß durch Transporte oder chirurgische Eingriffe.
Die Ansteckung als solche erfolgt über das Maul, d. h., infizierte, aber oft klinisch gesunde Pferde scheiden die Erreger mit dem Kot aus. Salmonellen sind sehr widerstandsfähig, sie können sich in schmutzigen Ställen lange halten. Fohlen können bereits infiziert zur Welt kommen oder stecken sich durch den Gebärmutterausfluß an.

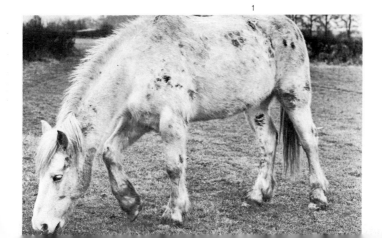
1

Krankheitserscheinung
Die besonders anfälligen jungen Fohlen sterben meist innerhalb von Tagen, Fohlen im Alter von einem bis drei Monaten zeigen Durchfall und häufig Gelenkentzündungen. Ältere Fohlen und Pferde leiden unter oft schubweise auftretenden Durchfällen (1) mit Abmagerung. Trotz Behandlung bessert sich der Zustand häufig nicht. Pferde, die die Krankheit überwunden haben, scheiden fast immer noch monatelang Salmonellen aus.

Behandlung
Eine Resistenzprüfung des Erregers ist wichtig, um das wirkungsvollste Medikament herauszufinden. Die Behandlung führt jedoch manchmal durch das Absterben der Krankheitskeime zum Freisetzen von Toxinen und einer dadurch bedingten Verschlechterung des Zustands.

Vorbeugung
Sauberkeit im Stall und bei der Geburt, Nabelpflege und ab vier Monaten regelmäßige Wurmkuren. Vorsicht: Salmonellen sind als »Fleischvergifter« für den Menschen gefährlich.

Erkrankungen in der Kopfregion

Die Zähne

Die Altersbestimmung beim Pferd setzt einige Grundkenntnisse über die Zähne voraus. Allgemein gesagt, gibt es zwei Arten von Zähnen: die vorderen, sogenannten Schneidezähne (1) und die hinteren, die Backenzähne. Der leere Teil des Gaumens zwischen den Schneide- und Backenzähnen wird Laden genannt, und dort sollte die Trense aufliegen (2).

Pferdezähne unterscheiden sich von denen der Menschen dadurch, daß das Pferd seine Nahrung nicht kaut; es zermalmt sie, weshalb die Oberflächen der Zähne flach sind, um das Zermalmen zu ermöglichen (3).

Wenn ein Pferd alle Zähne hat, d. h. ein vollständiges Gebiß, befinden sich im Oberkiefer sowie im Unterkiefer jeweils sechs Schneidezähne. Man nennt sie Zangen, Mittelzähne und Eckzähne.

Auf beiden Seiten sitzen oben und unten je sechs Backenzähne (4, S. 96). Bei Hengsten oder Wallachen treten im Alter von vier Jahren noch die beiden Hakenzähne hervor. Wenn sie beim Anlegen der Trense stören oder sich entzünden, können sie ohne Schwierigkeiten gezogen werden.

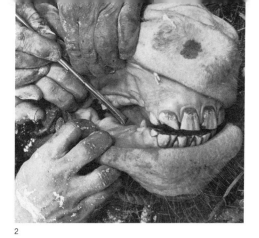

2

Wie bestimmt man das Alter des Pferdes?

Bei der Geburt hat das Fohlen nur die beiden Zangen, die schon durch den Gaumen hindurchgebrochen oder eben dazu bereit sind. Die beiden Mittelzähne erscheinen etwa mit fünf Wochen und die Eckzähne mit etwa acht Monaten, so daß im Alter von acht Monaten das Fohlen einen vollständigen Satz Schneidezähne besitzt. Die drei vorderen Backenzähne (Prämolaren) auf beiden Seiten sind bei der Geburt schon da oder erscheinen innerhalb von 14 Tagen.

Alle diese Zähne sind Milchzähne und werden im Laufe der Zeit durch die endgültigen Zähne ersetzt. Dieser Zahnwechsel verläuft in einer ganz bestimmten Zeitfolge, wodurch man das Alter des Pferdes genau bestimmen kann.

1

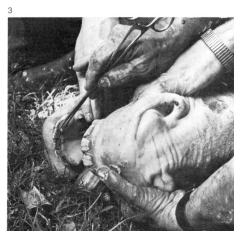

3

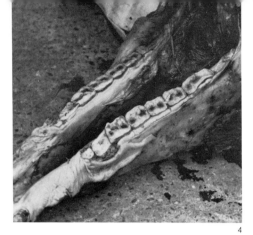
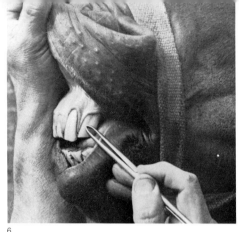

4 6

Die beiden bleibenden Zangen durchbrechen den Gaumen im Alter von etwa zweieinhalb Jahren und sind mit drei Jahren in Reibung. Die beiden Mittelschneidezähne treten mit dreieinhalb Jahren aus dem Gaumen und sind mit vier Jahren in Reibung. Die Eckzähne erscheinen mit viereinhalb Jahren und sind mit fünf Jahren in Reibung.

Alle Schneidezähne haben auf der flachen Oberseite schwarze, konzentrische Ringe oder Kunden (5), und anhand von diesen wird in den folgenden drei Jahren die Altersbestimmung vorgenommen. Die Kunden in den Zangenzähnen verschwinden mit sechs Jahren, jene in den Mittelzähnen mit sieben und in den Eckzähnen mit acht Jahren. In diesem Alter und von da an nennt man das Pferd alt. Die Altersbestimmung von acht Jahren aufwärts verlangt Übung und beinhaltet eine Fehlergrenze von etwa einem Jahr nach oben oder unten.

Mit acht bis zehn Jahren erscheint am oberen Eckschneidezahn auf der oberen, äußeren Seite eine schwarze Rinne (6). Diese Rinne (der sog. Einbiß) schiebt sich mit jedem Jahr weiter nach unten vor und erreicht den unteren Rand des Zahnes mit etwa 20 Jahren.

Von ungefähr zehn Jahren an verändert sich der Winkel, den die Zähne von Ober- und Unterkiefer bilden, die Zahnstellung wird flacher. Die Kauflächen der Zähne – anstatt fast rund zu sein – werden oval, dann dreieckig, von vorne nach hinten (7). Von der Form der Kauflächen der Schneidezähne her kann der erfahrene Tierarzt sofort bestimmen, ob er es mit einem alten oder einem jungen Pferd zu tun hat. Der Leser soll die Abbildungen daher eingehend studieren, so daß er sich nicht so leicht täuschen lassen kann. Man studiere Abbildung 7 und vergleiche diese Zähne dann mit der ovalen Kaufläche der Schneidezähne bei einem jungen Pferd (s. Abb. 5).

5 7

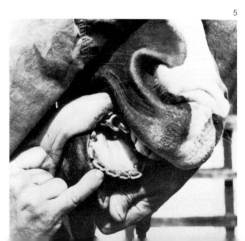
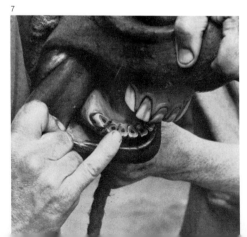

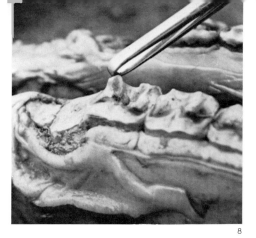

Zahnpflege

Man soll nicht vergessen, daß das Pferd seine Nahrung zermalmt und somit seine Backenzähne abnützt. Diese Zähne wachsen aus dem Gaumen herauf nach, so daß sie immer auf der gleichen Höhe bleiben oder bleiben sollten.

Die Kauflächen der unteren Backenzähne neigen sich nach unten und außen, während die der oberen nach innen und aufwärts geneigt sind, um ineinanderzupassen.

Als Ergebnis der ständigen Reibung können die inneren Ränder der unteren Backenzähne sehr scharf werden (8) und dadurch die Zunge verletzen. Wenn die äußeren Ränder der oberen Backenzähne scharf werden, entstehen Verletzungen an der Innenseite der Backe. Das Pferd kann dann nicht richtig fressen und läßt teilweise gekautes Futter, sogenannte Wickel, fallen.

Was tut man für die Zähne?

Die Backenzähne sollten mindestens einmal jährlich vom Tierarzt untersucht werden. Findet er scharfe Ränder oder Spitzen, wird er sie abraspeln (9). Dies ist eine schmerzlose Sache, und die meisten Pferde verhalten sich dabei ruhig.

Gelegentlich kann vor allem bei älteren Pferden ein Backenzahn übermäßig lang wachsen, meistens weil der gegenüberliegende Zahn abgebrochen oder herausgefallen ist. Tritt ein solcher Fall ein, sollte dieser Zahn mit der Pferdezahnzange abgeklemmt werden (10). Die Zange sieht barbarisch aus, aber die Operation ist ganz einfach und absolut schmerzlos.

Schwellung hinter den Schneidezähnen (Lampas)

Manche Pferdebesitzer sind über eine Schwellung am Gaumen beunruhigt (11), weil sie glauben, daß ihr Pferd deswegen schlecht frißt. Früher machte man dann einen Schnitt in das wäßrige Gewebe und

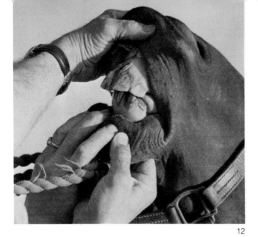

12

14

rieb die Wunden mit Salz ein. Heute weiß man, daß meist eine Verdauungsstörung an diesem Zustand schuld ist, die ihrerseits durch schlechte Zähne entsteht. Also die Zähne durch den Tierarzt in Ordnung bringen lassen und einige Tage Kleiemash füttern.

Gebißfehler

Karpfengebiß, bei dem die Zähne des Oberkiefers über die Zähne des Unterkiefers ragen (12).
Hechtgebiß, bei dem die Zähne des Unterkiefers über die Zähne des Oberkiefers ragen.
Scherengebiß, bei dem die Backenzähne scherenartig übereinandergreifen.

In jedem Fall sind Gebißfehler schwerwiegende Mängel, die das Tier bei der Futteraufnahme behindern. Ein derartiges Pferd sollte man niemals kaufen.

Untersuchung des Pferdemauls und der Zähne ohne Zwangsmittel

Die Zunge wird mit der Handfläche gefaßt, dann dreht man die Zungenspitze nach oben und rückwärts gegen den harten Gaumen und hält sie dort, während man das Maul entweder mit einer Taschenlampe oder durch Betasten mit der anderen Hand untersucht (13).

Entfernung von Zähnen

Infizierte oder abgebrochene Backenzähne behindern das Pferd beim Fressen, es magert ab. Am Kiefer kann sich eine Schwellung oder eine Fistel bilden, die vom Tierarzt unter Umständen durch Röntgen untersucht werden muß. Unter Narkose (14) wird der kranke Zahn gezogen (15) oder mit dem Meißel herausgestemmt.

13 15

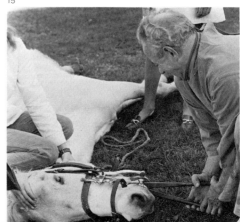

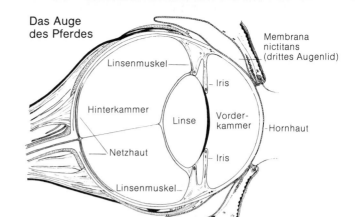

Die Augen

Glücklicherweise sind beim Pferd die Augen keine große Quelle für Schwierigkeiten.

Einfache Anatomie des Auges

Das Auge umfaßt eine Anzahl von ganz bestimmten Teilen (1). An der vorderen Fläche findet man die Hornhaut, die eine klare Membran ist, fast wie ein Fenster mit einer mikrofeinen Scheibe. Hinter der Hornhaut liegt die Iris. Die Iris vergrößert oder verkleinert sich je nach der Intensität des Lichtes, dem sie ausgesetzt wird. Hinter der Iris ist ein Zwischenraum, der eine Flüssigkeit enthält, dieser wird Vorderkammer genannt. Die Vorderkammer wird durch die Linse von einer zweiten, ebenfalls Flüssigkeit enthaltenden Kammer – der Hinterkammer – getrennt. Auch die Linse kann sich ausdehnen und zusammenziehen, wobei sie durch Muskeln kontrolliert wird, die helfen, daß sie sich auf nahe oder ferne Gegenstände scharf einstellen kann.

Der hintere Teil des Auges wird von der Netzhaut (Retina) umschlossen, wo alles, was das Pferd sieht, festgehalten und zum Gehirn weitergeleitet wird. Die Netzhaut steht nicht senkrecht wie beim Menschen, sondern schräg, wodurch beim Pferd ein anderes Gesichtsfeld entsteht.

Wie wird das Auge untersucht?

Das Pferd muß dabei im Dunkeln stehen, oder man muß bis zum Einbruch der Nacht warten. Es genügt also nicht, das Pferd nur mit dem Hinterteil gegen das Fenster zu stellen.

Der Tierarzt untersucht das Auge mit einem Ophthalmoskop (2); der Laie kann eine sehr befriedigende Untersuchung aber auch ohne dieses Instrument vornehmen:

Mit einer kleinen Stabtaschenlampe leuchtet man direkt von vorn und dann von der Seite ins Auge (3). Auf diese Weise kann man sich versichern, daß die gesamte Oberfläche der Hornhaut absolut

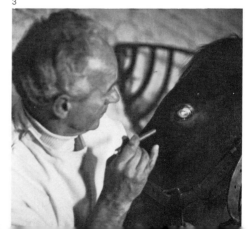

klar ist. Als nächstes leuchte man mit der Taschenlampe direkt aufs Auge und beobachte, wie sich die Iris zusammenzieht. Dann entfernt man das Licht langsam. Nun soll sich die Iris vergrößern. Dies bedeutet, daß das Tier gut sieht und auf normale Weise auf Licht reagiert.

Dann nimmt man eine brennende Kerze und hält sie vor das Auge (4). Man sollte die Kerze dreimal im Auge sehen: einmal auf der Hornhaut, aufrecht; einmal vorn auf der Linse, aufrecht; und einmal hinten auf der Linse, auf dem Kopf. Bewegt man die Kerze, müssen alle drei Bilder klar und deutlich sichtbar bleiben. Dies beweist, daß sowohl die Vorderkammer als auch die Linse klar sind.

Hornhautentzündung

Die Trübung der Augenoberfläche als Folge einer Hornhautreizung ist beim Pferd sehr häufig (5).

Ursache
Meist eine Verletzung, etwa durch das Streifen eines Zweiges oder durch einen Peitschenschlag. Auch Fremdkörper wie Grannen oder Blütenpollen können die Hornhaut reizen.

Behandlung
Vor allem bei Verdacht auf eine Stichverletzung braucht man den Tierarzt. Es gibt wirksame Salben mit Antibiotika, die auch in schweren Fällen das Auge retten können. (Anm. d. Übers.: Sehr bewährt hat sich das Einblasen von Puderzucker.)

Prognose
Günstig; eine kleine Narbe bleibt aber meist als blauweißlicher Fleck oder Strich auf der Hornhautoberfläche zurück. Das ist ein Mangel, der das Augenlicht jedoch nicht beeinträchtigt.

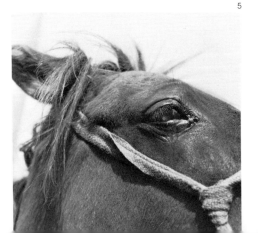

Periodische Augenentzündung

Eine Augenentzündung, auch Mondblindheit genannt, die in Abständen von Monaten, in seltenen Fällen auch Jahren, auftritt. Die Ursachen sind nicht ganz geklärt, man nimmt heute jedoch an, daß es sich um allergische Reaktionen auf bestimmte Schadstoffe handelt. Deren Auslöser können Verdauungsstörungen durch schimmeliges Futter sein, ebenso wie Erkrankungen durch Leptospiren oder Virusinfektionen. Als auslösender Faktor spielt auch Streß eine Rolle. Der akute Anfall zeigt sich durch Lichtscheu, Bindehautentzündung und Augenausfluß. Meistens ist nur ein Auge befallen, und die Erscheinungen klingen nach einigen Tagen ab.

Durch die wiederholten Anfälle kommt es zu bleibenden Schäden am Auge bis zur Linsentrübung und Erblindung. Man behandelt den akuten Zustand mit warmen Kamillenumschlägen. Der Tierarzt wird Atropintropfen zur Pupillenerweiterung verordnen und die Entzündung durch Injektionen bekämpfen.

Periodische Augenentzündung ist ein Hauptmangel mit einer Gewährfrist von 14 Tagen. Da diese Frist zu kurz ist, um in jedem Fall das Vorliegen der Erkrankung festzustellen, kommt der gründlichen Augenuntersuchung vor dem Kauf besondere Bedeutung zu.

Grauer Star

Hierbei liegt eine Trübung der Linse vor, diese ist grau und läßt das Licht nicht unbehindert durch. Beim Test mit der brennenden Kerze findet man kein drittes, auf den Kopf gestelltes Bild. Der angeborene Star kann ein oder beide Augen betreffen. Vermutlich handelt es sich dabei um eine Erbanlage. Je nach Art und Ausdehnung der Trübung ist die Sehkraft mehr oder weniger beeinträchtigt. Die Staroperation durch Entfernung des getrübten Lauseninhaltes ist auch beim Pferd möglich, der Erfolg jedoch unsicher.

Das dritte Augenlid (Nickhaut)

Auf der Membrana nictitans oder dem dritten Augenlid (1, S. 99) wächst gelegentlich ein kleiner Tumor (6). Diese Wucherungen sind oft bösartig, ihr Wachstum erstreckt sich jedoch selten über die Augenhöhle hinaus.

Behandlung
Die Entfernung der Neubildung sollte frühzeitig erfolgen. Die Operation ist einfach und kann mit örtlicher Betäubung durchgeführt werden.

Bindehautentzündung (Conjunctivitis)

Die Bindehautentzündung ist bei weitem die häufigste Krankheitserscheinung am Auge des Pferdes (7).

Ursache
Bindehautentzündung befällt meist Pferde, die auf die Weide gehen. Vor allem bei warmem Wetter wirken sich Blütenstaub oder andere als Fremdkörper wirkende Substanzen entzündungserregend aus. Das befallene Auge beginnt zu tränen, und der Ausfluß lockt Fliegen an, die eine Infektion verursachen.
Durch die Infektion wird der Augenausfluß eitrig, man spricht dann von eiternder Bindehautentzündung. Wird dieser Zustand nicht bald behandelt, bilden sich Krusten und Entzündungen der Haut, die immer mehr Fliegen anlocken.

Behandlung
Abwaschen des Augenausflusses mit warmem Kamillentee (Kamillosan), zweiprozentigem Borwasser oder physiologischer Kochsalzlösung (ein knapper Teelöffel Salz auf einen halben Liter abgekochtes Wasser) (8). Dabei sorgfältig auf Fremdkörper, z. B. Grannen, auch unter dem Lid achten. Antibiotische Augensalben gegen eitrige Entzündungen gibt es beim Tierarzt, der in schweren Fällen hinzugezogen werden sollte.

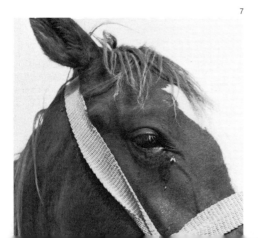

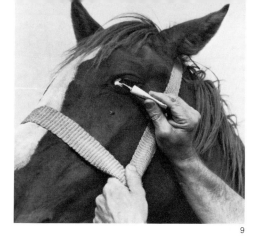

Vorbeugung
Bei Weidepferden regelmäßig die Augen kontrollieren. Besteht Augenausfluß, mit warmem Salzwasser auswaschen (8) und Augensalbe in die Augenwinkel einbringen (9).
Wenn kein Augenausfluß besteht, streicht man die Salbe nur rund um die Augen. Früher wurde mit Erfolg dafür Vaseline verwendet.

Verstopfter Tränennasengang

Krankheitserscheinung
Ständiger Augenausfluß (10), der mit der Zeit eine deutlich sichtbare Rinne hinterläßt.

Ursache
Eingetrocknetes Sekret, Haare oder Fremdkörper. Besonders nach Erkrankung an einer Bindehautentzündung oder an anderen Entzündungen am Auge kann es zur Verstopfung des Tränennasenganges kommen.

Behandlung
Der untere Zugang zu dem Kanal liegt innerhalb der Nüstern. Eine Spülung mit körperwarmer physiologischer Kochsalzlösung unter Druck mit einer Spezialkanüle löst die Verstopfung des Tränennasenganges (11). Die Spülflüssigkeit tritt dann unterhalb des Auges aus.
Wenn der Ausgang des Ganges zugewachsen ist, kommt nur die operative Eröffnung am liegenden Pferd in Frage.

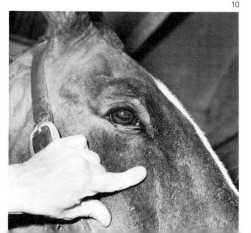
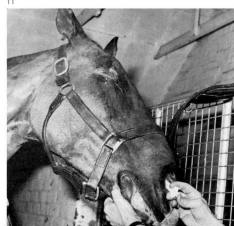

Nebenhöhlen-entzündung

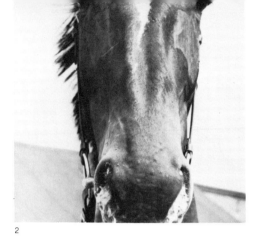

Lufthaltige und mit Schleimhaut ausgekleidete Höhlen finden sich als sogenannte Nebenhöhlen oder Sinus ebenso wie beim Menschen auch beim Pferd im Gesichtsteil des Schädels.
Die oberste Kopfhöhle ist die *Stirnhöhle*. Im Boden dieser Höhle gibt es ein Loch, durch das eine Verbindung mit der darunterliegenden Kopfhöhle, der *oberen Kieferhöhle*, besteht (1). Die *obere Kieferhöhle* liegt gerade unter dem Auge auf beiden Seiten, und jede hat eine Verbindung mit der Nasenhöhle.
Unterhalb und die Backe entlang laufend findet man die *untere Kieferhöhle*. Diese Kopfhöhle ist weitgehend von den Zahnwurzeln gefüllt, die in sie hinaufragen.
Mit zunehmendem Alter des Pferdes schieben sich die abgenutzten Zähne weiter aus dem Kiefer heraus, und der Luftraum in der unteren Kieferhöhle wird dadurch größer. Die untere Kieferhöhle ist ebenfalls mit der Nasenhöhle verbunden.

Sinusinfektion

Nach einem heftigen Druseanfall (s. S. 111) oder einer gewöhnlichen Erkältung kann die Infektion gelegentlich in diese Kopfhöhlen gelangen. Ein Anzeichen dafür ist, wenn ständig etwas Eiter aus einem oder gelegentlich aus beiden Nasenlöchern tropft (2). Der Eiter kann herausfließen, wenn das Pferd den Kopf tief hält oder weidet. Meistens sitzt die Infektion in der oberen Kieferhöhle. Wenn man mit dem Finger unterhalb des Auges auf den Knochen klopft (3), zeigen solcherart infizierte Pferde Schmerz.

Behandlung

Sie besteht in der Öffnung der Kieferhöhle mit einem besonderen Instrument, dem Trepan. Die Trepanationsöffnung liegt gewöhnlich direkt unter dem Auge (4). Operiert wird im allgemeinen unter örtlicher Betäubung am stehenden Pferd, es sei denn, daß gleichzeitig ein infizierter Zahn gezogen werden muß.

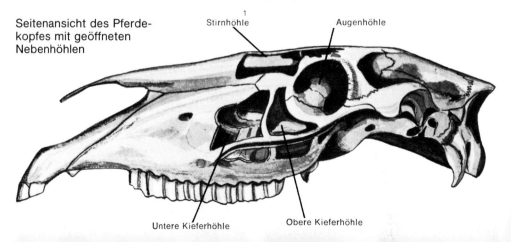

Seitenansicht des Pferdekopfes mit geöffneten Nebenhöhlen

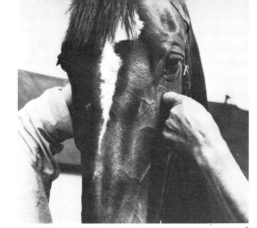

3

Die Kopfhöhlen werden danach täglich mit einem desinfizierenden Mittel durch das Trepanloch (5) gespült. Das Medikament durchspült dabei die Stirn- und obere Kieferhöhle, gelangt in die Nasenhöhle und läuft durch die Nasenlöcher heraus.
Bei Infektionen der unteren Kieferhöhle, meist durch einen vereiterten Zahn ausgelöst, wird die Trepanation in Höhe der Scheidewand zwischen oberer und unterer Kieferhöhle ausgeführt (6, S. 106). Es gibt auch Tierärzte, die statt der Spülungen die Nebenhöhle mit Antibiotika füllen. In jedem Fall muß die Trepanationswunde jedoch durch einen festen Tampon verschlossen werden, weil sie sonst zu früh zuwächst.
Eine zusätzliche Nachbehandlung durch Antibiotika-Injektionen vergrößert die Chancen einer vollständigen Ausheilung.

Gesichtsnervenlähmung

Dieses Leiden wird durch eine Verletzung des Nervus trigeminus oder des Facialisnervs verursacht, der um den Ohrenansatz herum verläuft und der gegenüberliegenden Gesichtshälfte Impulse und Reflexe übermittelt.

Krankheitserscheinung

Die Unterlippe hängt gewöhnlich einseitig herab. Das Pferd sabbert bei der Wasseraufnahme. Das Auge auf der der hängenden Unterlippe gegenüberliegenden Seite kann merklich kleiner erscheinen als das andere (Abb. 1 auf S. 106 links unten).

Ursache

Gewöhnlich eine Verletzung unter dem Ohr des Pferdes oder auf der Seite des Gesichtes.
Gelegentlich entwickelt es sich als eine Sekundärerscheinung eines Druseabszesses in der Nähe der Ohrspeicheldrüse, d. h. des Lymphknotens, der gleich unter dem Ohr liegt.

4

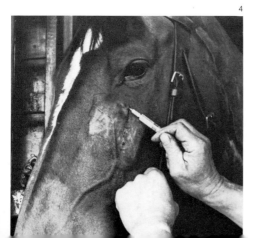

5

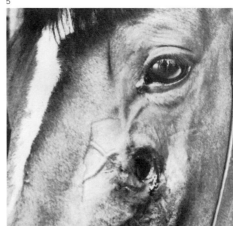

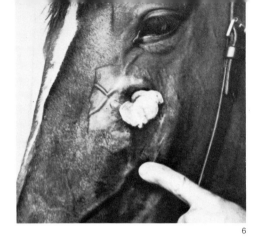

Behandlung
Nur Zeit und Geduld können eine Gesichtslähmung heilen. Eine lokale Behandlung ist unwirksam und eine Verschwendung von Geld und Zeit.

Wird sich der Zustand bessern?
Im allgemeinen ja, doch kann es bis zu zwei Jahren dauern, bis das normale Aussehen wiederhergestellt ist. Nur gelegentlich begegnet man einem Fall, wo die Lähmung nicht mit der Zeit verschwindet. Die herunterhängende Unterlippe ist zwar ein Schönheitsfehler, hindert jedoch nur selten, wenn überhaupt, die Arbeitsfähigkeit des Tieres.

Juckreiz in den Ohren

Manchmal reiben Pferde heftig den Ohrgrund an einem Baum oder einem Pfosten, schütteln unwillig den Kopf oder zeigen ihr Unbehagen durch Stampfen mit den Vorderbeinen, fast wie bei einer Kolik (1).

Eine nähere Untersuchung der Ohren kann eine schwarze, schmalzige Ausscheidung aufweisen. Das Pferd oder Pony wehrt sich stark gegen die Berührung der Ohren.

Vor allem im Sommer werden durch den Geruch der Ausscheidung Fliegen angezogen, die sich in Massen um die befallenen Stellen scharen und dem Tier keine Ruhe lassen.

Ursache
Die Ursache ist nicht in jedem Fall klar, aber meist handelt es sich um eine Milbe, ähnlich wie jene, die den Juckreiz am Schweif verursacht (s. S. 72). Man kann einen Abstrich aus den Ohren entnehmen und ihn mikroskopisch untersuchen lassen (2).

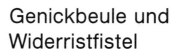

Behandlung
Diese ist wiederum eine Angelegenheit für den Tierarzt. Er wird die Ohren wahrscheinlich reinigen und dann mit einem antiparasitären Mittel behandeln (3). Drei Behandlungen in Abständen von fünf bis sieben Tagen sind üblich.
Pferd oder Pony sollen tagsüber als Schutz gegen die Fliegen im Stall gehalten werden. Diese vernünftige Maßnahme wird bestimmt dazu beitragen, die Sache schnell in Ordnung zu bringen.

Vorbeugung
Die beste Vorbeugung bzw. Verhütung ist eine schnelle tierärztliche Behandlung bei den ersten Anzeichen. Man soll daran denken, daß Juckreiz in den Ohren im frühen Stadium geheilt werden kann.

Genickbeule und Widerristfistel

Genickbeule und Widerristfistel entstehen, wenn der Schleimbeutel ganz oben am Hinterkopf oder jener auf dem höchsten Punkt des Widerrists entzündet wird (1).

Ursache
Meistens eine Scheuerstelle.

Krankheitserscheinung
Eine deutliche Schwellung, die bei Berührung schmerzhaft sein kann, aber nicht sein muß (2, S. 108). Die schmerzhaften Schwellungen vergrößern sich gewöhnlich, bis sie platzen. Geschieht dies, entsteht meistens eine nicht verheilende Wunde (Fistel) (3, S. 108). Es handelt sich dabei um eine Schleimbeutelentzündung, die entweder durch den Druck von schlechtsitzendem Halfter oder Sattelzeug oder aber durch eine Infektion mit dem Erreger der Brucellose entstanden ist. Da die Verkalbeseuche, auch Abortus Bang genannt, heute weitgehend getilgt ist, kommt sie als Ursache von Widerrist-

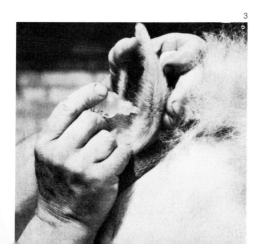

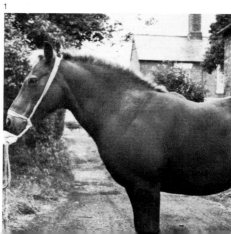

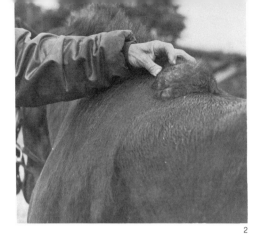

fisteln kaum mehr in Frage. Auch durch Brucellen verursachte Sehnenscheidenentzündungen gibt es nicht mehr.
Wenn also im Genick oder am Widerrist Schwellungen auftreten, muß sofort der schlechtsitzende Halfter oder Gurt gepolstert werden.

Behandlung
Man wäscht die Stelle mit Burowscher Lösung oder macht eine warme Packung mit Leinsamen. Man kann auch eine Kompresse mit Rivanollösung oder einer 1%igen Sublimatlösung auflegen. Man deckt dann das angefeuchtete Tuch mit Kunststoffolie ab und bindet ein warmes Tuch darüber, an dessen Enden man Bänder angenäht hat. Diese werden um den Hals und unter der Brust zusammengebunden. Wird der Zustand am Anfang übersehen, entstehen überaus langwierige Eiterungen, die chirurgisch behandelt werden müssen.

Erkältungskrankheiten

Beim Pferd gleichen die Erkältungen sehr denjenigen des Menschen.

Ursache
Erkältungen entstehen durch ein Zusammenspiel von Infektion mit einem der zahlreichen die Schleimhäute angreifenden Virusstämme und verminderter Widerstandskraft. Ist das Virus sehr virulent, also bösartig, genügt die Infektion, um die Krankheit auszulösen. Im allgemeinen wird ihr Ausbruch jedoch durch Unterkühlung, Überanstrengung oder sonstige schädliche Einflüsse gefördert.

Krankheitserscheinung
Auch Krankheitserscheinungen und Verlauf sind sehr ähnlich wie beim Menschen. Es beginnt mit 39,5 bis 40,0 °C Fieber, Freßunlust, Schüttelfrost und erhöhtem Puls bis 50 oder 60. Dann folgen schleimig-eitriger Nasenausfluß ohne Beteiligung der Drüsen, Kehlkopf- und Rachenkatarrh und Husten. Durch die Besiedelung der vom Virus geschädigten

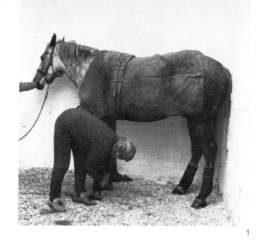

Schleimhäute mit eitererregenden Bakterien kann es zu Bronchitis, Lungenentzündung oder anderen Komplikationen kommen.

Behandlung

Zunächst versucht man den Patienten zu isolieren, damit nicht der ganze Stall angesteckt wird. Wichtig ist frische Luft ohne Durchzug. Man deckt das kranke Pferd zu und bandagiert seine Beine (1), da diese besonders kalt werden.
Gefüttert werden Kleiemash, Möhren und das allerbeste Heu. Staubiges Heu verursacht Husten. (Anm. d. Übers.: Wahrscheinlich wird chronischer Husten, und in seiner Folge Dämpfigkeit, häufig durch eine Allergie gegen gewisse Stoffe im Heu oder der Einstreu verursacht.) Man feuchte das Heu vor dem Füttern an und schüttele es niemals im Stall auf. Auch staubiger Torfmull ist zu vermeiden.
Wie bei allen Viruskrankheiten helfen Antibiotika nur gegen die zusätzlich in den Atemwegen angesiedelten eitererregenden Bakterien. Der Tierarzt muß entscheiden, ob und zu welchem Zeitpunkt Antibiotika als Injektion sinnvoll sind. Es gibt zahlreiche Hustenpulver oder -säfte, die schleimlösend wirken. Pulver mischt man am besten mit Honig und streicht sie als Brei dem Pferd ins Maul (2).
Manche Leute betrachten zwar die alten Hausmittel als überholt, eine Verbindung von Altem mit dem Neuen hat jedoch nach meinen Erfahrungen viel für sich. Zu diesen erprobten Maßnahmen gehört das Inhalieren. Bei starkem Nasenausfluß verschafft es dem Patienten rasch Erleichterung. Man nimmt einen alten Futtersack mit möglichst vielen Löchern, damit die Luft durchstreichen kann. Unten hinein gibt man etwas Heu und tropft darauf ein Inhalationsmittel wie z. B. eine Mischung von Eukalyptus-Menthol und Fichtennadelöl. Auch ein paar Handvoll angefeuchtete Kamillenblüten oder ein Eßlöffel Kamillosan sind geeignet. Über das so präparierte Heu gießt man kochendes Wasser (3), bis ein starkriechender Dampf

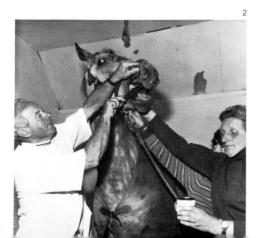

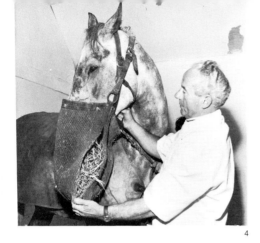

aufsteigt. Den Beutel streift man dem Pferd über den Kopf (4). (Anm. d. Übers.: Man kann auch einen Eimer nehmen, in die Krippe stellen und den Kopf des Pferdes darüberziehen.)
Natürlich läßt man das Pferd bei dieser Prozedur, die mehrmals täglich wiederholt werden sollte, nicht ohne Aufsicht.
Zweimal täglich sollen alle Fenster geschlossen werden. Dann entfernt man alle Decken und Bandagen und putzt das Pferd gründlich (5), wonach man Decken und Bandagen wieder auflegt. Das Putzen hat die gleiche erfrischende Wirkung auf das Pferd wie ein Bad für einen bettlägerigen Patienten, und nach meiner Erfahrung trägt dies wesentlich zur erfolgreichen Behandlung bei.

Wie lange dauert die Genesung?

Der durchschnittliche Erkältungsfall wird etwa zehn Tage dauern. Dies bedeutet, daß das Pferd mindestens 14 Tage lang gepflegt und in Ruhe gehalten werden muß. Nachher darf selbstverständlich nur mit sehr leichter Arbeit begonnen und erst im Verlauf einer Woche oder von zehn Tagen mit der vollen Arbeit eingesetzt werden.
Sehr wichtig ist die Kontrolle der Temperatur. Solange ein Pferd auch nur leichtes Fieber hat, darf es nicht arbeiten; auch nicht, wenn es noch hustet. Luftröhrenentzündungen, auch als Folge von Druse, brauchen oft lange Zeit bis zur vollständigen Heilung. Diese Schwellungen im Rachenraum können sogar so schwer sein, daß eine Tracheotomie (s. »Kehlkopfpfeifen« S. 122 f.) durchgeführt werden muß, damit das Pferd während der Genesungszeit frei atmen kann. Jeder Husten (s. S. 113) bei einem Pferd muß ernst genommen werden, chronische Bronchitis muß zwar nicht, kann aber zu Dämpfigkeit führen.
Die Mahnung zu ausreichender Schonung gilt auch für eine überstandene Druse; hier kann verfrühte Belastung Herzschäden verursachen.

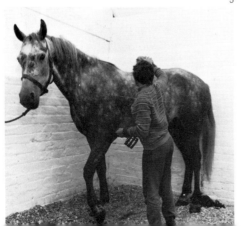

Desinfektion

Da die Übergänge von einer einfachen Erkältung zu den verschiedenen Formen der Pferdegrippe und anderer Infektionen der Atemwege fließend und die verschiedenen Virusinfektionen oft nur schwer sicher zu unterscheiden sind, kommt der Verminderung der Krankheitskeime besondere Bedeutung zu. Wenn Sauberkeit und Desinfektion vernachlässigt werden, nehmen die Krankheitskeime überhand, und es kommt zu ständigen Neuansteckungen. Darum sollten auch während der Krankheit die Boxenwände mit einer geeigneten Desinfektionsflüssigkeit laufend abgewaschen oder abgesprüht werden. Für eine gründliche Schlußdesinfektion eignen sich neben der 2%igen Natronlauge vorzugsweise die mit dem DLG-Gütezeichen ausgezeichneten Stalldesinfektionsmittel.

Druse

Druse wird durch eine eiterbildende Bakterie, Streptococcus equi, verursacht. Die Erkrankung kann in einer überaus anstekkenden Form auftreten und dann nicht nur Fohlen, sondern auch Jungpferde und Mutterstuten befallen. Streptokokken spielen auch bei Genitalinfektion eine Rolle.

Krankheitserscheinung

Die ersten Druseanzeichen sind sehr ähnlich wie bei Erkältungen, nämlich Appetitlosigkeit, Mattigkeit, erhöhte Temperatur und beschleunigter Puls. Jedoch wird bei Druse der erst wäßrige Nasenausfluß schnell eitrig; dickflüssiger, rahmiger Eiter läuft aus den Nasenlöchern (1). Eine stets vorhandene Begleiterscheinung sind Halsschmerzen und Schluckbeschwerden; oft kommt es zu Rachenkatarrh mit trockenem Husten. Innerhalb weniger Stunden schwellen die Lymphdrüsen am Kopf an (2, S. 112). Meist sind die Kehlgangslymphknoten betroffen, manchmal auch die Ohrspeicheldrüse.

1

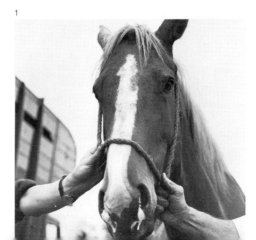

Die angeschwollenen Drüsen sind sehr druckempfindlich. Im Lauf von einigen Tagen bilden sich Abszesse. Manchmal erkranken auch Drüsen in anderen Teilen des Körpers, z. B. am Gekröse, in der Leber oder den Nieren. Man spricht von »wandernder Druse«.

Behandlung

Die gleichen Prinzipien der Pflege, die für die Erkältung beschrieben worden sind, sollten auch hier streng befolgt werden. Bei Druse muß die Isolierung jedoch absolut und vollständig sein. Zusätzlich müssen alle Futter- und Putzwerkzeuge zweimal täglich desinfiziert werden (3), und alles aus der Box oder dem Stand entfernte Stroh sollte verbrannt werden.
Wegen der stets vorhandenen Halsschmerzen ist weiches, angefeuchtetes Mash (4; s. auch S. 60 f.) zum Füttern noch wichtiger als bei der gewöhnlichen Erkältung. Eine Dampfbehandlung ist bei Druse ebenfalls von größter Bedeutung und sollte gewissenhaft mindestens zweimal täglich durchgeführt werden. Nach jeder Behandlung werden die Nüstern gewaschen und mit Vaseline ausgestrichen. Die geschwollenen Drüsen sollten mit zerteilenden Salben wie Jod-Kampfer oder Ichthyol eingerieben werden. Besser noch sind warme Packungen mit heißem Leinsamen oder Kompressen mit heißem Salzwasser oder einer Lösung von einem Teelöffel Bittersalz pro Liter Wasser. Am besten näht man dafür eine Haube, bei der Augen und Ohren herausschauen und die oben am Genick zugebunden wird. Wenn der Abszeß weich, d. h. an einer Stelle schwappend wird, spaltet ihn der Tierarzt. Nach dem Abfluß des Eiters tritt meistens eine deutliche Besserung ein.

Beim größten Teil aller Drusefälle beschränken sich die vereiterten Lymphknoten auf den Kopf. Sie können jedoch auch in anderen Drüsen im Innern des Körpers oder an den Beinen auftreten. Dies ist eine sehr gefährliche Komplikation, die oft zum Tode führt. Rechtzeitige

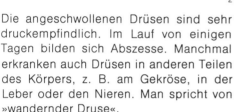

und vor allem ausreichende Injektionen (5) mit Antibiotika oder Sulfonamiden sind deshalb notwendig. Wenn die Behandlung nicht lange genug fortgeführt wird, kann es zu langwierigen Rückfällen kommen.

Vorbeugung
Es gibt Impfstoffe gegen Druse, deren Wirkung jedoch sehr wechselnd ist. Wie bei allen Impfungen tritt die Schutzwirkung erst nach 14 Tagen ein.

Pferdegrippe (Husten)

Diese auch unter den Namen Hoppegartner Husten, Rennbahnhusten, Viruskatarrh, infektiöse Bronchitis oder Pferdeinfluenza bekannte Infektionskrankheit hat seit dem Seuchenzug im Jahre 1973 der Pferdewelt so viel Sorge bereitet, daß dieses Thema hier in einem einfachen Frage-und-Antwort-Spiel behandelt werden soll.

Was ist die Ursache?
Die Pferdegrippe wird hauptsächlich durch ein Influenzavirus, Stamm A, verursacht, das mit dem Erreger der Grippe des Menschen verwandt ist. Als Erreger von »grippalen Infekten« kommen jedoch auch weitere Myxoviren, Reoviren und Rhinoviren in Frage. Klinisch sind die verschiedenen Infektionen der Atemwege nicht immer zu unterscheiden. Man kann davon ausgehen, daß die Virusinfektion die Schleimhaut schädigt, so daß dann andere Krankheitskeime wie eitererregende Bakterien, Mykoplasmen und Pilze sich ansiedeln können.

Eine große Rolle für den Verlauf der Erkrankung spielt die Abwehrlage des Organismus. Durch mangelhafte Fütterung und Haltung in staubigen, schlecht gelüfteten Ställen, Überanstrengung, starken Wurmbefall sowie Streß durch Transporte kann aus einer harmlosen »Erkältung« eine schwere Erkrankung werden.

Wie kommt es zur Ansteckung?
Pferdegrippe ist weltweit verbreitet. Ansteckungsquellen sind Reitveranstaltungen, Auktionen, Zukauf – also jeglicher Kontakt zwischen bestandsfremden Pferden. Ist die Ansteckung eingeschleppt, verbreitet sie sich sehr schnell.

In welchem Alter wird das Pferd befallen?
Pferde jeglichen Alters sind anfällig, doch sind Fohlen besonders gefährdet. Bei ausgewachsenen Tieren ist Grippe selten tödlich, wenn keine unbehandelten Komplikationen eintreten. Bei Fohlen kann die Sterberate hoch sein.

Wo greift das Virus an?
Nach einer kurzen Inkubationszeit (Zeit von der Infektion bis zum Ausbruch der Krankheit) von einigen Tagen zeigt sich ein wäßriger, farbloser Nasenausfluß als Folge einer Entzündung der Schleimhaut der Luftröhre und den Bronchiolen, d. h. den kleinen Lufträumen in den Lungen.
Im Anfangsstadium tritt Fieber auf, das rasch zurückgeht und oft unbemerkt bleibt. Das wichtigste Symptom ist ein rauher, schmerzhafter und trockener Husten (1), der ein deutlich erkennbares Unbehagen verursacht. Wenn keine zusätzliche Infektion mit Eitererregern dazukommt, klingt der Husten nach etwa zwei Wochen ab. Eitriger Augen- oder Nasenausfluß oder geschwollene Drüsen sind fast nie zu beobachten.
Neben der Gefahr einer eitrigen Lungenentzündung können, vor allem bei Fohlen, Komplikationen durch Herzmuskelschäden entstehen. Dadurch kann es vor allem bei Fohlen zu plötzlichen Todesfällen kommen.

Behandlung

Sie ist im Prinzip genau wie bei Erkältungskrankheiten (s. S. 109). Das fieberhaft erkrankte Pferd braucht absolute Ruhe, und zwar so lange, bis der Husten verschwunden ist. Das kann eine Ruhepause von mehreren Wochen bis Monaten bedeuten. Vor einem verfrühten Arbeitseinsatz kann gar nicht genug gewarnt werden. Ist schon eine Besserung eingetreten, soll man das Pferd täglich etwas führen.

Es ist sehr wichtig, daß zweimal täglich die Temperatur gemessen wird. Hält das Fieber länger als zwei Tage an oder handelt es sich um Fohlen, muß der Tierarzt Antibiotika oder Sulfonamide spritzen. Das gilt auch für Pferde, die nach einigen fieberfreien Tagen wieder erhöhte Temperatur bekommen. Nur durch rechtzeitige Behandlung mit geeigneten Antibiotika oder Sulfonamiden können Lungenentzündungen (s. S. 118) vermieden werden.

Kann man einer Grippe vorbeugen?

Ja, rechtzeitige Impfungen bieten weitgehend Schutz. Genau wie bei der Grippe des Menschen schützt ein Influenza-Impfstoff jedoch nur bedingt gegen »grippale Infekte« durch einen der anderen Erreger von Infektionen der Atemwege. Die Kombinationsvakzine Resequin enthält neben Influenzaviren noch Reoviren und das Virus der Rhinopneumonitis (s. S. 116).

Geimpft werden sollten alle Pferde, die auf Weiden, Veranstaltungen oder beim Decken mit anderen Pferden in Berührung kommen. Meist ist dies sogar Vorschrift. Die Grundimmunisierung besteht aus zwei Injektionen im Abstand von sechs bis zehn Wochen. Die erste Wiederholungsimpfung geschieht nach sechs Monaten, danach werden die Pferde alle neun Monate geimpft. Fohlen sollten erst ab dem fünften Monat geimpft werden. Vorher sind sie durch die Antikörper aus der Kolostralmilch geimpfter Mütter geschützt. Grundsätzlich nur klinisch gesunde, entwurmte Fohlen impfen!

Rhinopneumonitis / Virusabort

Es handelt sich dabei um ein Herpesvirus, das nach überstandener Krankheit noch lange im Wirtstier ansteckungsfähig bleibt. Auch außerhalb des Tierkörpers kann sich das eingetrocknete Virus monatelang am Leben erhalten.

Krankheitserscheinung
Das Virus setzt sich auf der Schleimhaut der Atmungsorgane fest und verursacht Fieber, Appetitlosigkeit, Nasenausfluß und einen im Gegensatz zur Grippe mehr feuchten als trockenen Husten. Bei herabgesetzter Widerstandskraft und ungünstigen Haltungsbedingungen kommt es zu Bronchopneumonien. Bei tragenden Stuten wandert das Virus auf dem Blutweg in die Frucht und verursacht Verfohlen gegen Ende der Trächtigkeit. Es kann auch zum Festsetzen des Virus im Nervengewebe kommen. Das führt zu Lähmungserscheinungen bis zum Festliegen.

Behandlung
Sie entspricht der Behandlung bei den anderen Erkrankungen der Atmungsorgane (s. S. 109). Auch hier nützen Antibiotika nur gegen die überlagerten Infektionen mit eitererregenden Bakterien. Rechtzeitig verabfolgte Antibiotika oder Sulfonamide können eine Lungenentzündung verhüten. Äußerst wichtig ist absolute Schonung, solange die Pferde noch husten. Aborte verlaufen meist ohne Folgen, die Stuten nehmen komplikationslos wieder auf.

Vorbeugung
Auch die ordnungsgemäße Impfung mit Prevaccinol oder dem bereits erwähnten Resequin kann im Einzelfall ein Pferd nicht sicher vor einer Infektion schützen. Die Impfung verhindert jedoch den Ausbruch einer erkennbaren Erkrankung und erzielt eine Herdenimmunität. Voraussetzung ist, daß alle Pferde eines Bestandes in den bei »Pferdegrippe« (s. S. 115) angegebenen Abständen geimpft werden.

Schilddrüsenvergrößerung (Kropf)

Die Schilddrüse besteht aus zwei Lappen sowie einer Verbindungsbrücke und liegt am kopfwärtigen Teil der Luftröhre (1). Diese Drüse fördert bei Fohlen das Wachstum, außerdem reguliert sie den Stoffwechsel.

Ursache
Jodmangel oder ein Jodüberangebot.

Krankheitserscheinung
Wenn die Funktion der Schilddrüse gestört ist, bildet sich eine Vergrößerung, der Kropf. Dieser kann einen Druck auf die Luftröhre ausüben und hörbare Atmungsgeräusche verursachen. Fohlen mit Schilddrüsenstörungen sind bei der Geburt bereits tot oder lebensschwach. Bei älteren Fohlen bewirkt mangelnde Schilddrüsenfunktion Wachstumsstörungen.

Behandlung
Kleinste Jodmengen im Futter, z. B. täglich 1 Eßlöffel jodiertes Wellensittichfutter.

Stauballergie

Nach meiner Erfahrung leiden Pferde mit der sogenannten Stauballergie an Lungenblähung und sind somit in Wahrheit nichts anderes als dämpfige Pferde (s. S. 121). Das Lungenemphysem oder die Lungenblähung betrifft dabei einen oder beide Lungenflügel.
Ob es sich bei diesen Fällen um die Folgen einer Allergie gegen Staub, Schimmelpilze aus der Einstreu oder Pollen handelt, ist im Einzelfall kaum zu klären. Die Behandlung ist dieselbe, wie auf S. 122 für Dämpfigkeit beschrieben.
Als Einstreu eignen sich für solche Pferde ganz hervorragend Papierschnitzel. Seit einiger Zeit sind zu Ballen gepreßte Papierschnitzel (1) im Handel zu haben.

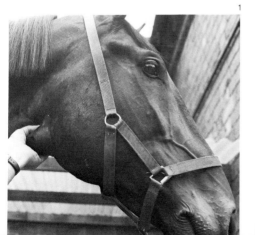

Erkrankungen im Brustbereich (Thorax)

Lungenentzündung (Pneumonie)

Der Ausdruck »Pneumonie« bedeutet lediglich einen Mangel an Luft.
Beim Pferd wie bei allen anderen Tieren und beim Menschen wird dieses Leiden durch eine Entzündung der Lungen hervorgerufen.

Ursache
Eine Virus- oder Bakterieninfektion. Es gibt auch Lungenentzündungen durch Pilzinfektionen (schimmeliges Heu oder Stroh) und die meist tödlich verlaufende Eingußpneumonie. Sie entsteht, wenn beim Eingeben von Flüssigkeit etwas in die Lunge kommt.

Krankheitserscheinung
Bei der Virus- oder Bakterienlungenentzündung beginnt die Infektion gewöhnlich im unteren Teil von *einer* oder *beiden* Lungen und wird entsprechend als »einseitige« oder »beidseitige« Lungenentzündung bezeichnet. Die Infektion breitet sich von den unteren Lappen nach oben aus (1).

Wie bei allen anderen Entzündungen entsteht zunächst eine Schwellung der Schleimhaut in den Bronchien und deren feinsten Verästelungen. Dadurch wird der Austausch von Luft und lebensnotwendigem Sauerstoff behindert. Es folgt eine Absonderung von entzündlichem Sekret (Exsudat) innerhalb der Lungenbläschen, die dadurch ihre Funktion nicht mehr erfüllen können.
Das Atmen wird schmerzhaft und schwierig und bewirkt das typische schnelle und oberflächliche Atmen bei einer Lungenentzündung. Werden große Teile beider Lungen befallen, kann das Pferd nicht mehr genügend Sauerstoff aufnehmen, um das Herz und den Körper in Funktion zu halten.

Behandlung
Der Tierarzt muß möglichst bald ein Breitband-Antibiotikum einspritzen. Zusätzlich kann Streptokinase zusammen mit Penizillin in wäßriger Lösung in die Luftröhre gespritzt werden.

1

Bronchus (Hauptast der rechten oder linken Luftröhre)

Trachea (Luftröhre)

Die beiden Lungenflügel des Pferdes (schematisch)

normale Menge von kleinen Lungenbläschen (schwammähnlich)

Anfang einer einseitigen Lungenentzündung. Lungenbläschen sind mit entzündlichem Exsudat gefüllt.

Brustfellentzündung (Pleuritis)

Selbstverständlich sind gute Pflege und sehr viel frische Luft für den Erfolg entscheidend (s. »Erkältungskrankheiten« S. 109). Fieberhafte Erkrankungen der Atmungsorgane eignen sich sehr für eine unter Umständen zusätzliche Behandlung mit homöopathischen Medikamenten auf der Basis von Lachesis oder/und Echinazin.

Ein bewährtes und keineswegs überholtes Hausmittel ist der Wickel. Man kann eine Prießnitz-Packung (s. S. 120) oder einen Senfmehlanstrich machen. Dafür bereitet man aus etwa 2 kg Senfmehl einen festen Brei und streicht ihn auf die Rippen. Dann wickelt man den Brustkorb mit einer Decke ein. Nach zwei Stunden abwaschen und trockenreiben. Auf keinen Fall darf man ein fieberndes Pferd zu lange unter einer Decke schwitzen lassen.

Hierunter versteht man eine Entzündung des Brustfells, also der feinen Zellschicht, die die Lungenoberfläche und die Innenseite des Brustraums überzieht.

Ursache
Bakterien, die infolge infektiöser Erkrankungen der Atmungsorgane auftreten.
In den Anfangsstadien ist die Brustfellentzündung gewöhnlich »trocken«, d. h., zwischen den beiden Lagen des Brustfelles fehlt Exsudat oder Flüssigkeit: Beide Oberflächen (die Innenseite des Teiles, der die Brustwand abdeckt, und die Außenseite des Teiles, der die Lunge deckt) sind entzündet und aufgerauht. Offensichtlich bereitet die Atmung, bei der die beiden rauhen Oberflächen aneinanderreiben, beträchtliche Schmerzen.

Krankheitserscheinung
Die Atmung ist oberflächlich und schnell, und eine sorgfältige Untersuchung der Brust mit einem Stethoskop (1) weist trockene, rauhe Geräusche auf, wie wenn

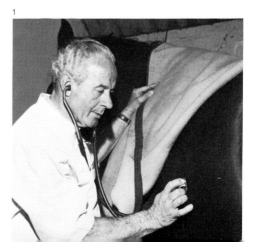

Die Atemwege des Pferdes

zwei Stücke Sandpapier aneinandergerieben würden. Im fortgeschrittenen Stadium wird eine Flüssigkeit in die Brusthöhle ausgeschieden. Die Entzündung wird nun als eine »nasse« Brustfellentzündung bezeichnet.

Behandlung

Eine intensive Behandlung mit Antibiotika ist ebenso notwendig wie sorgfältige Pflege (Anm. d. Übers.: Prießnitz-Packungen, also ein nasses Tuch, eine wasserdichte Schicht und eine Wolldecke fest um die Brust gewickelt und etwa zwei Stunden belassen oder Abreiben mit Spiritus und eindecken). Rechtzeitiges Punktieren des Brustraums ist wichtig, damit die Flüssigkeit ablaufen kann, da sonst die Lungenflügel bis zum Ersticken eingeengt werden können.

Beim Verkauf eines Pferdes wird oft die Garantie gegeben, daß es »gesunde Atmungsorgane« hat. Dies bedeutet, daß die Atmungsmechanismen des Pferdes einwandfrei in Ordnung sind.

Ein gesundes Pferd atmet immer durch die Nasenlöcher ein und aus, niemals durch das Maul. Die Luft wandert durch die Nasengänge in den Kehlkopf, das Stimmorgan, durch die Luftröhre und in die Lungenflügel, einen auf jeder Seite der Brust.

Die Lunge kann mit einem Schwamm verglichen werden, d. h., sie besteht aus unzähligen winzigen Hohlräumen, die alle miteinander verbunden sind (1).

Wenn die Luft diese Hohlräume füllt, wird ihr Sauerstoff gegen Kohlendioxid ausgetauscht. Das Blut wird durch diesen lebenswichtigen Sauerstoff erneuert. Das sauerstoffhaltige Blut wandert dann durch den ganzen Körper zu allen Muskeln und Geweben, wo es den Sauerstoff abgibt, um Wärme und Energie zu produzieren, und das Kohlendioxid aufnimmt.

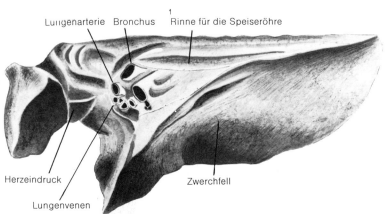

1
Lungenarterie   Bronchus   Rinne für die Speiseröhre
Herzeindruck   Zwerchfell
Lungenvenen

Je intensiver das Pferd arbeiten muß, um so mehr Sauerstoff braucht es. Im Galopp sind die Atmung beschleunigt und der Herzschlag erhöht, d. h., das Blut wird immer schneller auf seinem Kreislauf herumgepumpt, um mehr und mehr Sauerstoff zu den Muskeln zu bringen, wo die zusätzliche Energie benötigt wird.

Nüsternflattern

Wenn sich ein Pferd in Bewegung setzt, hört man bei der Ausatmung oft ein deutliches schnurrendes Geräusch. Dieses Geräusch ist als »Nüsternflattern« bekannt und wird durch Flattern der falschen Nüstern innerhalb der anderen Nüstern bewirkt. Es ist kein Mangel am Pferd.

»Zügelpfeifen«

Wird ein heftiges Pferd zurückgehalten, wobei der Kopf stark gegen die Brust hinuntergezogen und der Hals gewölbt wird, kann man ein weiteres Atmungsgeräusch vernehmen, das dem Rohren (s. S. 122) gleicht, aber nicht so betont ist (2). Dies wird als »Zügelpfeifen« bezeichnet, ein bei der Ausatmung pfeifendes Geräusch. Wie das Nüsternflattern ist auch das »Zügelpfeifen« kein Mangel.
Nüsternflattern und »Zügelpfeifen« sind eigentlich Kleinigkeiten und verschwinden schnell, sobald das Pferd beschäftigt wird und es Kopf und Hals freier bewegen darf.

Dämpfigkeit

Bei der normalen Atmung wird der Brustkorb durch Muskelkraft erweitert, während die Ausatmung auf der Elastizität der Lungenbläschen beruht. Sie ziehen sich zusammen, damit die Luft entweicht. Kommt es durch chronischen Husten oder andere Gründe zu einem Überdehnen und Zerreißen der Lungenbläschen, entstehen verhältnismäßig große Zwischenräume, die die Ausatmungsluft nicht mehr vollständig abgeben (Lungen-

2

blähung). Diesen Zustand nennt man Emphysem und ein solches Pferd »dämpfig«.
Hier liefert die normale Einatmung nicht genügend Luft, um den Sauerstoffbedarf zu decken. Das Pferd muß rasch zweimal einatmen und mit Muskelanstrengung ausatmen.

Krankheitserscheinung
Charakteristisch ist ein tiefer, dumpfer Husten (3), der auch bei Ruhe vorkommt, sich jedoch beim Fressen und bei der Arbeit verstärkt. Ferner tritt die doppelschlägige Atmung auf, die man an den Flanken beobachten kann. Hier, unterhalb des Rippenbogens, bildet sich bei Dämpfigkeit die sogenannte »Dampfrinne« (4).

Behandlung
Es gibt für Dämpfigkeit keine Behandlung, aber der Husten wird beträchtlich gemildert, wenn alles Futter einschließlich Heu angefeuchtet wird, um die Staubbildung zu reduzieren (5). Da es sich bei chronischen Atemstörungen auch um allergische Vorgänge handeln kann, die einen Krampf in den kleinen Bronchien verursachen, sollte man versuchsweise kein Heu, sondern Futterwürfel (Pellets) füttern. Auch Kortisonpräparate können unter Berücksichtigung ihrer Nebenwirkungen ebenso wie Hustenmittel versucht werden. Wichtig ist staubfreie Einstreu; keinen Torfmull, sondern gutes Weizenstroh verwenden. Am besten ist ein langer Weideaufenthalt. Auf diese Weise können leichtere Fälle noch eine Weile mäßig gearbeitet werden.

Kehlkopfpfeifen (Rohren)
Im Kehlkopf oder Stimmorgan gibt es zwei Klappen, eine auf jeder Seite (6), die sich normalerweise nach vorn und nach hinten bewegen, während das Pferd atmet. Diese Klappen sind wie zwei kleine Drehtüren. Die Nerven, die diese Türen betätigen, werden manchmal gelähmt, vor allem auf der linken Seite. Als Ergebnis davon liegt

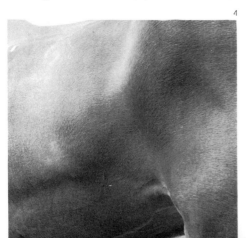

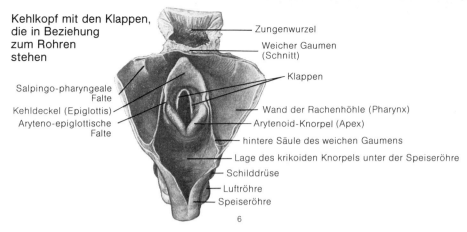

Kehlkopf mit den Klappen, die in Beziehung zum Rohren stehen
- Zungenwurzel
- Weicher Gaumen (Schnitt)
- Klappen
- Salpingo-pharyngeale Falte
- Kehldeckel (Epiglottis)
- Aryteno-epiglottische Falte
- Wand der Rachenhöhle (Pharynx)
- Arytenoid-Knorpel (Apex)
- hintere Säule des weichen Gaumens
- Lage des krikoiden Knorpels unter der Speiseröhre
- Schilddrüse
- Luftröhre
- Speiseröhre

6

die nicht richtig kontrollierte Klappe teilweise oder gänzlich über dem Kehlkopf und stört den Durchgang der Luft, die in die Lungen eingezogen wird. Dies bewirkt ein Geräusch, das variieren kann zwischen einem Pfeifen und einem deutlichen Rohren. Es erfolgt jedoch bei der *Einatmung,* nicht bei der Ausatmung.

Behandlung

Rohren ist durch gewöhnliche Behandlungsmittel unheilbar, aber das Leiden kann teilweise oder vollständig behoben werden durch einen chirurgischen Eingriff. Mit viel Glück erhält das Pferd wieder vollständig seine Form, so daß es Jagden oder gar Rennen laufen kann. Bei Rennpferden ziehen jedoch viele Leute die Intubation vor.

Intubation eines Pferdes

Die Intubation eines Pferdes bedeutet die chirurgische Einsetzung eines speziellen Tracheotubus (Metallröhre, die in die Luftröhre eingeführt wird) (7). Diese Operation sollte nur ein Tierarzt unter Schmerzausschaltung vornehmen. Sie wird auch bei anderen bedrohlichen Atembeschwerden, z. B. bei Druse oder akutem Nesselfieber, durchgeführt.

Rechtslage

Ebenso wie Dummkoller, Mondblindheit und Koppen sind auch Dämpfigkeit und Kehlkopfpfeifen Hauptmängel im Sinne des Gesetzes. Mit einer Gewährsfrist von 14 Tagen hat hierbei der Käufer das Recht der Rückgabe. Es kann nicht oft genug betont werden, daß dies wie bei allen anderen Mängeln nur bei schriftlicher oder vor Zeugen ausgesprochener spezieller Garantieerklärung der Fall ist.

Wie man die Atmungsorgane eines Pferdes prüft

Folgende Routine ist die Frucht lebenslanger Erfahrung bei der Untersuchung von Pferden:

7

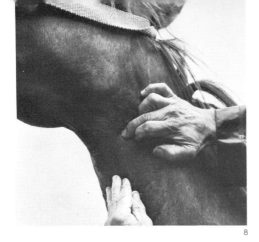

8

1. Untersuchung der Kehlkopfgegend (8) auf Narben und nichtverschiebbare Hautstellen.
2. Beobachten des Pferdes im Stall, ob es doppelschlägig, also pro Atemzug zweimal, die Flanken bewegt.
3. Das Pferd beiderseitig abhorchen; Rasselgeräusche sprechen für Bronchitis, ein Ton wie beim Blasen über einer leeren Flasche ist typisch für ein Lungenemphysem. Sinnvoll ist es, wenn der Tierarzt mit dem Phonendoskop (9) die Untersuchung vornimmt.
4. Mit Daumen und Zeigefinger den Kehlkopf drücken (10). Bei Husten ist Vorsicht am Platz.
5. Puls und Temperatur prüfen. Bei erhöhter Temperatur kann eine Erkältung vorliegen, die vor einer Untersuchung erst abklingen muß. Erhöhter Puls bedingt eine tierärztliche Untersuchung des Herzens.
6. Sind Puls und Temperatur normal, erfolgt die weitere Prüfung unter dem Sattel im Freien. Man galoppiere langsam auf der rechten Hand auf einer kleinen Volte oder lasse dies von einer anderen Person tun. Der Untersuchende – oder man selber – stellt sich außen an die Kreisbahn möglichst dicht an das vorbeigaloppierende Pferd und achtet auf die Atemgeräusche. Nach einigen Runden wird die Sache auf der anderen Hand wiederholt.
7. Hat sich bis jetzt kein verdächtiges Geräusch oder Anzeichen gezeigt, wird das Pferd mindestens 800 m in scharfem Galopp geritten. Nach dem Anhalten achte man besonders auf das Geräusch beim Einatmen, da Kehlkopfpfeifen sich nur dabei bemerkbar macht. Auch sollte man jetzt noch einmal auf eine etwaige doppelschlägige Atmung achten. Ein Tierarzt wird nun die Lungen abhorchen, ob jetzt Zeichen für ein Lungenemphysem zu hören sind.
8. Vorsicht bei der Untersuchung von Pferden, die mit einem Grasbauch und zuviel Fett direkt von der Weide kom-

9 10

men. Solche Tiere geben oft Geräusche wie Rohren von sich, und es ist besser, sie noch einmal zu untersuchen, wenn sie aufgestallt und gearbeitet worden sind.
Bei Pferdehändlern ist zur Feststellung von Kehlkopfpfeifen ein plötzlicher Stoß, eventuell mit einem Stock, gegen die Rippen üblich. Das Tier erschrickt und gibt als Folge des ungenügenden Verschlusses der Stimmritzen ein brummendes Geräusch von sich. Bei normalem Kehlkopf hört man nichts. Als Hinweis kann diese Methode verwendet werden, beweisend ist sie nicht.

Wie man ein Pferd untersucht

Jeder, der ein Pferd betreut, sollte schon in gesunden Tagen dessen Temperatur, Puls und Atmung prüfen, um im Krankheitsfall einen Vergleich zu haben.
Die Körpertemperatur mißt man mit einem normalen Fieberthermometer im After (1). Man stellt sich dabei möglichst dicht links neben das Pferd und schiebt das Thermometer zuerst nur ganz wenig und nach einer kurzen Wartezeit etwa 2–3 cm tief ein. Die Spitze kann man vorher anfeuchten oder in Vaseline tauchen. Während der zwei Minuten, die ein modernes Thermometer maximal braucht, hält man es fest. Die rektale Temperatur beträgt bei einem Pferd in Ruhe etwa 37,6 °C bis 38,3 °C. Fohlen in den ersten Wochen können bis 39 °C und Pferde bis zum dritten Jahr 38,5 °C messen. Genau wie beim Menschen steigt die Temperatur gegen Abend und bei hoher Außentemperatur an, des weiteren während Brunst und Trächtigkeit sowie bei Bewegung. Diese Bewegungstemperatur kann bei großer Anstrengung bis 40 °C betragen.

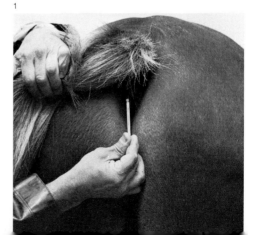
1

Den Puls zählt man an der Innenseite des Unterkiefers (2). Macht dies Schwierigkeiten, sucht man ihn seitlich an der Unterseite der Schweifrübe, etwa handbreit unterhalb vom Schweifansatz. Das Herz horcht man links, etwas hinter dem Ellenbogen, an der Brustwand ab. Die Zahl der Herzschläge oder der Puls liegt beim erwachsenen Pferd zwischen 32 und 45. Im allgemeinen ist der Puls um so langsamer, je größer das Pferd ist. Bei einem schweren Kaltblut wie dem Shire liegt der Durchschnittswert bei 35 Herzschlägen in der Minute, bei einem Shetlandpony kann ein Puls von 45 noch normal sein.

Bei trainierten Pferden und solchen, die »hoch im Blut stehen«, also viel Vollblut in ihrer Abstammung haben, ist der Puls langsamer. Unregelmäßigkeiten in der Abfolge, also das gelegentliche Aussetzen eines Herzschlags, der sogenannte Herzblock, sind recht häufig und harmlos, solange sich diese Störung bei mäßiger Belastung reguliert. Nach zehn Minuten Trab sollte die Pulszahl 80 nicht überschreiten, wobei dies bereits ein oberer Grenzwert ist. Trainierte Pferde zeigen auch bei Dauerleistungen kaum mehr als 70 Puls. Höhere Werte, die sich nicht innerhalb von spätestens 15 Minuten beruhigen, sollten Anlaß für eine tierärztliche Kontrolle der Herzfunktion sein. Das ist besonders nach Infektionskrankheiten wichtig.

Die Atmung zählt man entweder durch Beobachtung des Rippenhebens oder durch Handauflegen an der Flanke. Die Zahl der Atemzüge schwankt zwischen 8 und 16, wobei sinngemäß das gleiche gilt wie beim Puls: Je größer das Pferd, um so langsamer geht die Atmung. Sie steigt bei Aufregung, Fieber, Schmerz und Erkrankungen von Herz und Lunge. Nach zehn Minuten Trab sollte ein Pferd nicht über 50mal in der Minute atmen.

Wichtig ist vor allem die Beruhigungszeit; verzögertes Absinken von Puls und Atmung zur Norm nach scharfer Bewegung ist ein Zeichen für schlechte Kondition oder Störungen von Herz und Lunge.

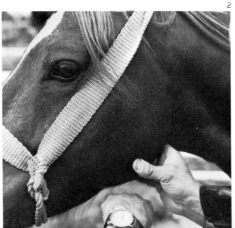

2

Tollwut

Tollwut ist eine Viruskrankheit, die durch den Speichel, meist durch einen Biß, übertragen wird. Auf diese Weise können auch Pferde von tollwütigen Füchsen auf der Weide angesteckt werden. Da dies schon mehrfach vorgekommen ist und zahllose Kontaktpersonen geimpft werden mußten, empfiehlt es sich, Pferde in tollwutgefährdeten Gebieten schutzimpfen zu lassen. Dies gilt vor allem für abgelegene Weiden. Die Zeit zwischen der Ansteckung und dem Ausbruch der Tollwut beträgt zwischen zehn Tagen und mehreren Monaten. Die Erkennung ist schwierig; typisch ist vor allem das veränderte Verhalten, was sich z. B. in aufgeregtem Wiehern äußern kann. Angriffslustig sind solche Pferde im allgemeinen nicht. Durch die Lähmungserscheinungen kommt es zu Schluckschwierigkeiten mit Speicheln, später auch zu taumelndem Gang und Festliegen. Jeder Verdacht ist sofort dem zuständigen Amtstierarzt oder der zuständigen Ortspolizei anzuzeigen.

Ansteckende Blutarmut der Einhufer

Diese auch »Infektiöse Anämie« genannte, anzeigepflichtige Virusinfektion ist schwierig zu erkennen. Die Übertragung erfolgt durch die Ausscheidungen und das Blut kranker Pferde, also nicht nur durch Kontakt, sondern auch durch Insektenstiche oder unsaubere Injektionsnadeln.

Im akuten Krankheitsfall zeigen sich Fieber über 40 °C und stark beschleunigter Puls. Kleinste Blutungen an der Maulschleimhaut sowie gerötete Lidbindehäute sind typische Anzeichen. Manchmal führt der erste Krankheitsschub zum Tode, oft geht die Krankheit jedoch in ein chronisches Stadium mit Fieberanfällen in wechselnden Abständen über.

Auch kann die Infektion von Anfang an schleichend verlaufen und erst nach einiger Zeit zu Schwäche, Abmagerung und Gelbsucht führen. Am gefährlichsten für die Verschleppung der Seuche sind die stummen Infektionsträger, die keine klinischen Erscheinungen mehr zeigen. Die Diagnose wird auf Grund von Blutproben durch den Coggins-Test erstellt. Im Rahmen der amtlichen Bekämpfungsmaßnahmen müssen Pferde, bei denen dieser Test wiederholt positiv ausfällt, getötet werden. Eine Reihe von Ländern verlangt ein negatives Ergebnis dieses Tests bei der Einfuhr.

Eine Schutzimpfung gegen die ansteckende Blutarmut gibt es ebensowenig wie eine zielführende Behandlung.

Ansteckende Gehirn- und Rückenmarkentzündung

Es gibt eine Reihe von Erkrankungen des Gehirns und des Rückenmarks als Folge einer Infektion mit Viren. Für den süddeutschen Raum hat die *Bornasche Krankheit* Bedeutung. Die Übertragung erfolgt als Tröpfcheninfektion über die Schleimhaut. Die Inkubationszeit, d. h. die Zeit zwischen Ansteckung und Ausbruch der Krankheit, kann bis zu einem Jahr betragen, neben Pferden kommen auch Schafe und Ziegen als Infektionsträger in Betracht. Die Anfangsstadien mit Fieber, grippeähnlichen Erscheinungen und Durchfall werden oft übersehen. Die typischen Verhaltensstörungen mit Zwangsbewegungen und vor allem dem Stehen mit gekreuzten Beinen stellen sich allmählich ein. Der Tod erfolgt meist innerhalb von einem bis zwei Monaten durch Lähmung. Eine Behandlung gibt es nicht, die früher übliche Impfung wird nicht mehr durchgeführt.

In Amerika kommen verschiedene Formen von durch Insekten übertragenen Hirn-Rückenmarkentzündungen häufig vor. Diese Equine-Encephalomyelitis-Infektionen gefährden auch den Menschen. Neuerdings wurden aber auch in Europa bei Patienten mit Depressionszuständen Antikörper gegen die Bornasche Krankheit gefunden.

Erkrankungen im Bereich des Verdauungsapparates (Abdomen)

Kolik

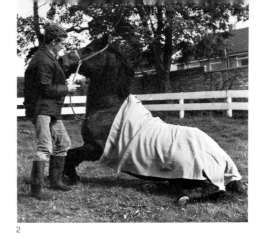

Mit Kolik wird ein Symptom, nämlich Schmerzen in der Bauchgegend, bezeichnet. Laut Wörterbuch bedeutet »Kolik« Bauchgrimmen oder Bauchschmerzen.

Bei einer Einteilung nach der Ursache des Schmerzes gibt es im Prinzip drei Arten von Kolik: Krampfkolik, Aufblähung und Anschoppung. Dazu kommen die Darmverdrehungen oder -verschlingungen.

Ferner wird die Kolik nach ihrem Sitz benannt. Je nach der Lage der Störung treten charakteristische Erscheinungen auf, wobei im allgemeinen der Schmerz vom Magen bis zum Enddarm hin abnimmt. Magen und Dünndarm sind am schmerzempfindlichsten.

Am häufigsten ist die sogenannte *Windkolik,* bei der sich Gase im Darm ansammeln. Von außen ist die Aufblähung meist nicht deutlich sichtbar. Wenn man seinen Kopf gegen den Bauch legt, hört man anfangs klingende Geräusche und bei längerer Dauer der Kolik nichts mehr. Als Regel gilt: Je lauter die Darmgeräusche, desto harmloser die Kolik. Der Grad der Schmerzäußerung sagt nichts über die Schwere der Erkrankung aus. Bei Windkolik sind die Schmerzen oft sehr groß, das Tier wirft sich rücksichtslos hin und wälzt sich (1). Der Puls steigt an, oft über 60, und das Pferd schwitzt.

Die *Krampfkolik* zeigt sich meist in einzelnen Anfällen, zwischen denen das Pferd sich beruhigt. Ganz typisch sind hier die lauten, plätschernden Darmgeräusche und der nicht unterbrochene Kotabsatz. Der Puls bleibt normal.

Die *Anschoppungs-* oder *Verstopfungskolik* beruht auf der Stauung der Futtermassen. Einen Sonderfall stellt dabei die Magenüberladung dar, für die eine »hundesitzige« Stellung (2) charakteristisch ist. Anschoppungen im Dünndarm verlaufen unter großen Schmerzen und rascher Verschlechterung des Allgemeinbefindens.

Dickdarmverstopfungen (3, S. 130) setzen meist nicht so plötzlich ein. Das Pferd scharrt mit den Vorderbeinen (4, S. 130),

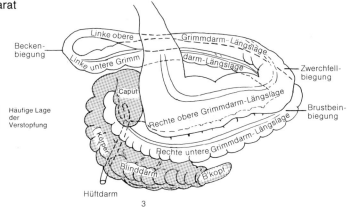

Verdauungsapparat des Pferdes

Häufige Lage der Verstopfung

sieht sich nach seinem Bauch um und streckt sich, als ob es Wasser lassen wollte. Die Darmgeräusche kommen zum Erliegen, und es wird auch kaum mehr Kot abgesetzt. Der Puls steigt je nach der Dauer des Zustandes auf 60 und mehr.
Am gefährlichsten sind die *Verdrehungen* und *Verschlingungen.* Früher gab es keine Rettung, heute können manche Fälle operiert werden, wenn sie rechtzeitig in die Klinik kommen. Das Pferd erkrankt ganz plötzlich unter großen Schmerzen (5). Nach einer Weile, manchmal erst nach 24 Stunden, klingen sie ab, und das Tier bleibt infolge der eingetretenen Bauchfellentzündung unter starkem Schwitzen und mit ängstlichem Ausdruck bewegungslos stehen. Dazu kommen meist ein Zittern in der Schultermuskulatur und immer ein stark erhöhter Puls von 100 und mehr. Die Lidbindehäute sind verwaschen gerötet. (Anm. d. Übers.: Man untersucht sie, indem man mit zwei Fingern vom Augenwinkel aus Ober- und Unterlid auseinanderdrückt.)

Entgegen der üblichen Meinung ist die Nierenkolik beim Pferd selten und niemals so schmerzhaft wie Darmkoliken. Steine in Blase und den Harnleitern verursachen in erster Linie Störungen beim Wasserlassen mit oft blutigem Harn.

Ursachen

Die meisten Kolikanfälle sind die Folge von Fütterungsfehlern. Als häufigste Ursachen gelten die folgenden:
Überfütterung, vor allem auch zu langes Grasen auf fetter, stickstoffüberdüngter Weide. Unreifes, nicht abgelagertes, überhitztes, verschimmeltes Getreide, schlechtes Heu. Angewelktes oder gefrorenes Grünfutter. Zu kurzes Häcksel, unsaubere Haferspreu. Zuwenig Rohfaser ist gefährlich wie zuviel Roggen, Weizen oder Rasenmähergras. Vorsicht ist bei gekochten Kartoffeln oder Krautblättern geboten, sie verursachen Blähungen.
Unregelmäßige Fütterung: Das ausgehungerte Pferd schlingt, ohne zu kauen. Plötzlicher Futterwechsel, Art und Menge

des Futters immer nur allmählich ändern. Ungenügendes oder unsauberes Wasser. Tränken in erhitztem oder erschöpftem Zustand. Überanstrengung oder ungewohnte Anstrengung. Beanspruchung direkt nach der Fütterung; vor allem bei Kraftfutter für eine Verdauungspause sorgen. Fressen von Sand auf abgegrasten Weiden. Jede Art von Streß wie Aufregung, Klimawechsel oder Wetterumschlag (Föhn!).
Nie vergessen: Ein Pferd ist ein sensibles Tier mit kleinem Magen und großer Freßgier!
Als Ursache für Kolikschmerzen kommt noch Wurmbefall (s. S. 65) in Frage. Nierenkolik ist verhältnismäßig selten, die Schmerzen sind nie so schlimm wie bei Dünndarmverstopfung oder Verschlingungen. Da es heute möglich ist, diese in einigen Fällen erfolgreich zu operieren, bei Kolikschmerzen mit erhöhtem Puls, mangelnden Darmgeräuschen und verwaschenen Lidbindehäuten *sofort* den Tierarzt rufen.

Erkennung
Das wichtigste Mittel für die Diagnose ist die dem Tierarzt vorbehaltene rektale Untersuchung vom Mastdarm aus. Bei Kleinpferden, bei denen dies durch die Enge des Afters nicht möglich ist, sollte man sich frühzeitig zur Operation entschließen. Der Laie muß sich darauf beschränken, die Schmerzäußerungen zu beobachten, den Puls zu zählen (6), die Darmgeräusche abzuhorchen und die Lidbindehäute zu prüfen. Bei harmlosen Koliken sind die Darmgeräusche deutlich hörbar und der Puls in etwa normal. Sehr wichtig ist die Erkennung der Anfangsstadien von Verstopfungen. Auch wenn ein Pferd nur gelegentlich Schmerz zeigt, ab und zu jedoch wieder frißt, muß das Futter sofort entzogen und der Tierarzt geholt werden.

Behandlung
Man bringt das kranke Pferd in eine Box oder ins Freie auf eine Wiese, damit es sich beim Wälzen nicht verletzen kann. Es

6

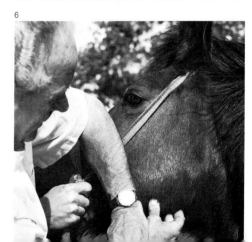

ist ein Irrtum zu glauben, daß durch Wälzen Darmverschlingungen entstehen. Ein weiterer Irrtum ist es, daß man ein kolikkrankes Pferd führen oder sogar im Trab longieren soll; das ist grundfalsch. Führen soll man nur nach einem Einlauf oder wenn ein Pferd regungslos längere Zeit auf der Seite liegt.

Einläufe kann auch der Laie mit Nutzen vornehmen; kaltes Wasser regt die Darmtätigkeit an und soll bei Windkolik angewendet werden. Man schiebt einen nicht zu schwachen Schlauch unter Führung des Zeigefingers in den After. Dann läßt man das Wasser laufen, ehe man den Schlauch tiefer in den Mastdarm einführt. Ein Irrigator oder großer Trichter muß dabei so hoch wie der Kopf des Pferdes gehalten werden. Bei Verstopfungen nimmt man lauwarmes Wasser, und zwar mindestens 30–40 Liter. Wenn das Pferd preßt, wartet man einen Moment, ehe man fortfährt. Anschließend wird das Pferd in jedem Fall mit einem Strohwisch auf beiden Seiten fest abgerieben. Gut ist auch das Abreiben der Flanken mit Alkohol oder Brennspiritus. Zum Schluß das Pferd immer gut eindecken, aber nicht stundenlang schwitzen lassen.

Sogenannte Koliktropfen haben nicht viel Sinn; wenn sie Betäubungsmittel enthalten, können sie mehr schaden als nützen. Abführmittel müssen mit viel Wasser eingegeben werden, und das kann einzig und allein der Tierarzt mit der Nasenschlundsonde. Das Eingeben mit der Flasche ist immer gefährlich; wer es durchaus versuchen will, sollte den stoffumwickelten Flaschenhals seitlich zwischen Backe und Zähne schieben. Niemals das Maul öffnen oder den Pferdekopf beim Eingeben zu hoch halten.

Zum Schluß noch eine Warnung: Auch nach einer leichten Kolik darf man dem Pferd mindestens zwölf Stunden lang nur Wasser geben und am nächsten Tag nur etwas Heu.

Wurmkolik

Diese Form der Bauchschmerzen befällt überwiegend Pferde von zwei bis vier Jahren, hauptsächlich Vollblüter leiden darunter.

Ursache
Starker Befall mit Rundwürmern oder Magenbremsen (s. »Parasiten« S. 65 und S. 68 f.).

Krankheitserscheinung
Charakteristisch ist das wiederholte Auftreten von Kolikerscheinungen bei scheinbar normalen Darmgeräuschen. Die Pferde fressen teilweise noch, trinken jedoch wenig. Sie scharren mit den Vorderbeinen (1) und sehen sich nach der Flanke um (2). Puls und Lidbindehäute sind meist wenig verändert, das Pferd verliert aber schnell an Kondition.

Behandlung
Der Tierarzt muß klären, um welche Parasiten es sich handelt. Vor allem bei Befall mit Strongyliden (Blutwürmern) verschwinden die Krankheitserscheinungen nicht sofort nach der Behandlung, weil die Wurmlarven die Gekrösearterien schädigen. Die dadurch verursachten Durchblutungsstörungen in den Därmen klingen erst nach einiger Zeit ab.

Vorbeugung
Sorgfältige Wurmbekämpfung. Dazu gehört regelmäßige Entwurmung, beginnend im Alter von zwei Monaten, im ersten Weidesommer Wiederholung alle sechs Wochen. Im Winter Behandlung mit einem Wurmmittel, das auch gegen Magendasseln wirkt. Zweimal jährlich Kotprobe durch den Tierarzt.
Täglich Ausmisten, Absammeln der Kotballen von der Weide. Fohlen nur auf Weiden, die im Vorjahr nicht mit Pferden besetzt waren. Zweimal jährlich großer Stallputz mit Dampfstrahlgerät.

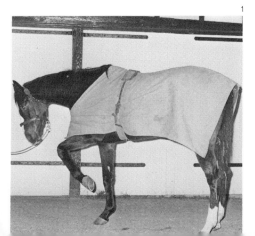
1

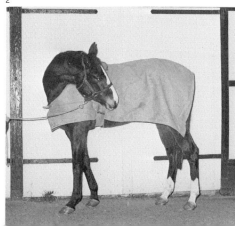
2

1

Darmentzündung (Enteritis)

Enteritis bedeutet einfach eine Entzündung des Darmes oder der Darmwände. Wenn dies eintritt, werden die peristaltischen Wellen, die kontinuierlich die Darmwand entlanglaufen, beschleunigt und drücken den Darminhalt schneller als normal vorwärts. Die Drüsen in der Darmwand scheiden ein Übermaß an Flüssigkeit aus; gleichzeitig kann die Darmwand nicht die übliche Menge Flüssigkeit absorbieren, weil dazu keine Zeit oder Gelegenheit ist.

Krankheitserscheinung

Im akuten Stadium krampfartige Schmerzen und Durchfall; dieser in so großer Menge, daß das Pferd schließlich nur noch eine braune Brühe (1) ausscheidet. Bei chronischer Darmentzündung, die sich bei erhaltener Freßlust Wochen hinziehen kann, sind die Kotballen manchmal mit Schleim überzogen oder schwimmen in Flüssigkeit.
Charakteristisch bei Enteritis ist ein »Gähnen« des Pferdes.

Ursachen

Infektionen (in letzter Zeit häufig mit Salmonellen). Immer Fieber messen.
Ernährungsfehler wie schimmeliges Heu, Hafer oder Stroh (2) und gefrorenes Grünfutter.
Vergiftung mit Chemikalien, z. B. Ablekken bleihaltiger Farbstoffe.
Zahnfehler, die zu ungenügendem Kauen Anlaß geben.
Giftige Pflanzen wie Hahnenfuß oder Lebensbaum.
Streß vor allem bei jungen Reitpferden.

Behandlung

Enteritis ist eine der gefährlichsten von allen Pferdekrankheiten, so daß man sofort den Tierarzt rufen soll. Man soll niemals »Do-it-yourself«-Behandlungen versuchen bei einem Pferd, das an Durchfall leidet.
Falls der Patient auf der Weide ist, soll er in eine warme Box gebracht und zugedeckt werden; dem Tierarzt überläßt man die Diagnose und Behandlung.

2

Keinesfalls gebe man ein Abführmittel oder ein ausgesprochen stopfend wirkendes Medikament ohne tierärztliche Anweisung. Bolus alba (Tonerde) kann man dagegen in ziemlich großer Menge als suppigen Brei geben (3). Gut ist auch dünner Leinsamenschleim als Getränk. Dürsten darf man das Pferd nicht lassen, denn Austrocknung ist gefährlich. Der Tierarzt muß manchmal dieser Gefahr durch Infusionen von Salzlösung und Traubenzucker begegnen.

Man entzieht dem Pferd für ein bis zwei Tage jedes Futter. Hat sich der Zustand gebessert, gibt man leicht gesalzenen Kleie-Leinsamen-Mash. Mash ist auch die ersten Tage nach der Genesung sehr nützlich. Man füttert ihn dreimal täglich (4) und dazu Heu in langsam gesteigerten Portionen.

Dickdarmentzündung (Kolitis)

Entzündungen der Schleimhaut vom Dickdarm oder Teilen desselben befallen meist junge Pferde als Folge starken Rundwurmbefalls (1). Chronische Dickdarmentzündung kann auch durch Behandlung mit manchen Wurmmitteln auftreten. Nach extremem Streß und Überanstrengung können Pferde aller Altersklassen unter dem Bild einer akuten Kolik am Dickdarm erkranken. Dabei handelt es sich um einen sehr gefährlichen Schockzustand mit Kreislaufstörungen der Darmgefäße.

Behandlung

Undankbar und allein Sache des Tierarztes. Wichtig ist die Vorbeugung. Am sichersten sind für Weidefohlen laufende Wurmkuren bis zum Alter von mindestens zwei Jahren.

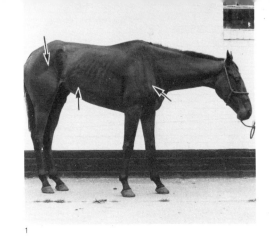

Graskrankheit

Hierbei handelt es sich um eine seit 1920 in Schottland und inzwischen auch in der Bundesrepublik Deutschland aufgetretene Krankheit.

Ursache
Vermutlich ein Virus, das jedoch nur im Zusammenhang mit Weidegang in bestimmten Gebieten Pferde aller Altersklassen befällt.

Krankheitserscheinung
Zunächst wie bei Kolik mit fortschreitender Darmlähmung. Entweder tritt der Tod nach zwei bis drei Tagen ein, wobei vorher ganz charakteristische Schweißflecken (1) zu sehen sind, oder der Zustand zieht sich über einige Wochen hin. Die Verstopfung trotzt dabei jedem Behandlungsversuch. Die Lähmung befällt mit der Zeit den ganzen Verdauungsapparat. Das Pferd kann nicht mehr schlucken, bei einem Versuch läuft das Wasser aus den Nasenlöchern (2). Die Atemluft riecht übel. Der Puls geht sehr schnell. Im Endstadium der Krankheit ist das Pferd stark aufgezogen (3). Für Graskrankheit typisch ist eine schaumige Absonderung rund um die Schweifwurzel.

Behandlung
Sie ist fast immer aussichtslos. Man kann versuchen, die zurückgestaute Magenflüssigkeit abzuheben, wobei die Sonde im Magen verbleibt. Der Flüssigkeitsverlust muß durch intravenöse Infusionen ausgeglichen werden. Im allgemeinen sollte man jedoch, wenn die Diagnose feststeht, das Tier töten lassen, um ihm unnötige Leiden zu ersparen.

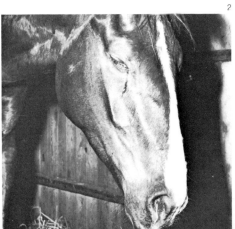

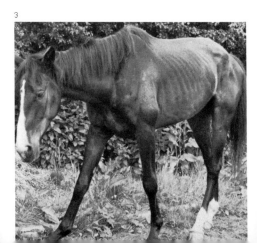

Nierenentzündung (Nephritis)

Die Nierenentzündung ist beim jungen Pferd relativ selten, dagegen habe ich die Erfahrung gemacht, daß eine chronische Nephritis bei Pferden und Ponys im Alter von 15 oder 16 Jahren aufwärts häufig auftritt.
Die Krankheit ist bei Stuten häufiger als bei Wallachen, vor allem, wenn sie zur Zucht verwendet worden sind. Der auf dem Bild gezeigte Patient (1) war gerade über 20 Jahre alt.

Krankheitserscheinung
Fortschreitende Abnahme der Kondition trotz guten Appetits (2). Viele Besitzer behandeln derartige Fälle mit Wurmmitteln, was natürlich zwecklos ist.
Der Grund, weshalb das befallene Pferd abmagert, ist, daß das Protein (welches zur Reparatur und zum Aufbau der Muskeln und Gewebe dienen sollte) durch die geschädigten Nieren in den Urin ausgeschieden wird, statt daß es in die Leber geleitet wird zur Verwertung durch den Körper.

Nach ein paar Wochen erscheinen oft deutlich sichtbare Geschwüre im Maul des Tieres (3).

Behandlung
Man rufe den Tierarzt. Er wird Blut- und Urinproben entnehmen, das Ausmaß des Schadens bestimmen und, wenn es überhaupt möglich ist, eine Behandlung verschreiben.
Ich habe die Erfahrung gemacht, daß chronische Nephritisfälle selten auf Behandlung ansprechen; früher oder später legt sich der Patient hin und kann nicht mehr aufstehen. Eine weitere Behandlung ist dann zwecklos.

Blasenentzündung und auch Blasensteine sind beim Pferd gar nicht selten. Meist sind Stuten befallen. Die Krankheitserscheinungen sind Schwierigkeiten beim Harnabsatz, manchmal Schmerzäußerungen wie bei Kolik und Trübungen oder auch Blut im Harn. Behandlung durch den Tierarzt.

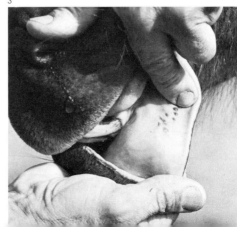

Erkrankungen der Beine

Mangelernährung

Abmagerung durch ungenügende Fütterung, Gebißfehler oder Wurmbefall wird manchmal mit Nierenentzündung verwechselt; vor allem bei jungen Pferden ist da Vorsicht am Platz (1).

Krankheitserscheinung
Fortschreitende Abmagerung und ähnliche Geschwüre im Maul wie bei Nierenentzündung.

Behandlung und Vorbeugung
Ausreichende Fütterung (s. S. 57), Dauerweiden bieten gegen Sommerende oft nicht mehr das Existenzminimum. Gebißkontrolle und gewissenhafte Wurmbekämpfung. Ständig mit Pferden belegte Weiden sind meist so mit Wurmlarven verseucht, daß regelmäßig alle sechs Wochen entwurmt werden muß. Unterernährte Pferde haben fast immer Läuse. Drei bis vier Wochen lang wöchentlich einmal mit einem guten Läusepulver einstauben (2).

Lahmheit

Lahmheit deutet im allgemeinen auf Schmerzen in einem oder mehreren Beinen hin. Es gibt aber noch eine andere Form der Lahmheit, d. h. eine mechanische Lahmheit. Man findet diese bei einer Steifheit in einem Gelenk oder einer Sehnenkontraktion, wodurch – mechanisch gesehen – das Pferd sein Bein nicht mehr normal bewegen kann und deutlich lahm geht, obwohl es keine Schmerzen hat.
Bei der gewöhnlichen Lahmheit, die auf Schmerzen zurückgeführt werden kann, muß man zuerst herausfinden, welches Bein lahm ist. Dazu lasse man das Pferd im Schritt von sich wegführen, dann wieder zurück. Dann wiederhole man dies im Trab. Zuerst soll man nicht auf die Beine des Pferdes schauen, sondern auf den Kopf, vor allem, wenn es auf einen zukommt. Die Augen sollen auf den Hinterkopf zwischen den Ohren gerichtet sein (1, gegenüberliegende Seite). »Nickt« es mit dem Kopf, bestätigt dies die Lahmheit des Pferdes. Nun dehne man sein Gesichtsfeld aus, um die Beine mitbeobach-

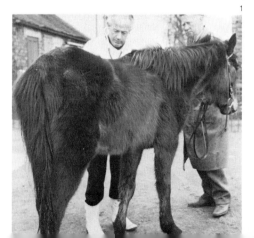
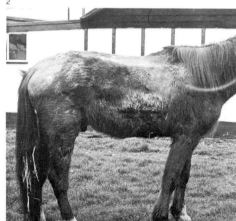

1

3

ten zu können – das Pferd wird *auf das gesunde Bein nicken.* Dies aus dem einfachen Grund, daß es mit dem lahmen Bein einen kurzen Schritt macht und schnell auf das gesunde Bein nickt.

Bewegen sich beide Vorderbeine gerade, soll man die *Hinterhand* fixieren, wenn das Pferd von einem weggeführt wird (2). Liegt die Lahmheit in der Hinterhand, senkt sich die eine Seite tiefer als die andere.

Die Kruppe senkt sich also auf der gesunden Seite tiefer und ist auf der Seite der Lahmheit höher.

Hat man herausgefunden, daß das Pferd vorn lahm geht und welches das lahme Bein ist, soll es wieder auf einen zugetrabt werden, wobei man dieses Mal nur die Beine beobachtet. Bewegt sich das lahme Bein gerade nach vorn in der normalen Weise, aber mit einem kürzeren Schritt als das gesunde Bein, dann liegt die Lahmheit möglicherweise unten.

Schwingt es andererseits das Bein nach außen und beugt es nicht richtig, dann ist es vermutlich weiter oben lahm, wahrscheinlich in der Schulter.

Jetzt stelle man sich zur Seite und beobachte das Pferd, wenn es vorbeitrabt; das Auge soll auf die Fußsohle fixiert sein, um zu sehen, ob es den Huf gerade aufsetzt oder mehr vorne oder mehr hinten belastet (3). Setzt es hinten auf, liegt die Lahmheit höchstwahrscheinlich vorn, setzt es mit der Zehe auf, liegt die schmerzende Partie im hinteren Teil des Beines.

Untersuchung des einzelnen Beines auf Lahmheit

Man beginne immer beim Huf und untersuche diesen genau, unabhängig davon, wo man die Lahmheit vermutet. Das gesunde Bein soll aufgehoben werden, damit man den verdächtigen Huf ringsum mit einem Hammer beklopfen kann (4).

Dann stelle man das gesunde Bein ab; das kranke Bein soll nun aufgehoben und rings um die Sohle beklopft werden (5, S. 140). *Zeigt das Pferd hierbei Schmerzen,* rufe man sofort den Tierarzt. Er wird

2

4

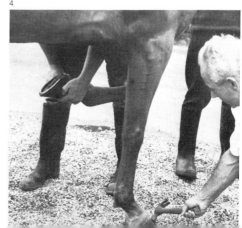

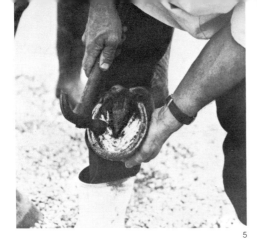

5

7

das Eisen entfernen lassen oder es selbst entfernen (6) und den Huf sorgfältig nach einem eingetretenen Nagel, einer Stichwunde oder einem Abszeß absuchen.
Zeigt das Pferd keinen Schmerz im Huf, beginne man an der Krone und fahre langsam hinauf, wobei man sorgfältig nach Zeichen von Schwellung, Schmerz oder vermehrter Wärme sucht.
Das Fesselgelenk soll dabei vollständig durchgebeugt und eine Weile so gehalten werden (7), dann soll das Pferd wieder getrabt werden. Zeigt sich die Lahmheit verstärkt, ist wahrscheinlich die Gelenkoberfläche befallen. Zeigt sich kein Resultat, wiederhole man das gleiche mit dem Vorderknie, dem Ellenbogen und der Schulter.
Bei einer Lahmheit in der Hinterhand empfiehlt sich das gleiche Vorgehen (8). Dummerweise kann man aber das Sprunggelenk nicht beugen, ohne auch das Kniegelenk zu beugen, was es außerordentlich erschwert, zwischen einer Sprunggelenk- und einer Kniegelenklahmheit zu unterscheiden.
Wichtig ist die vergleichende Abtastung beider Beine. Ist man sich nicht sicher, ob eine entzündliche Wärme vorliegt, kann man beide Beine mit Tonerde oder Lehm bestreichen und die unterschiedlich rasche Abtrocknung des Breies beobachten.

Natürlich erfordert die Diagnose der Lahmheit großes Können und Erfahrung und ist wirklich eine Sache, die dem Tierarzt überlassen werden sollte. Trotzdem kann man durch Befolgung der hier gegebenen einfachen Regeln eine eigene Vermutung anstellen. Alle Amateure lieben es, ihr Wissen auf die Probe zu stellen, und es bereitet eine große Genugtuung, wenn in der Folge eine »intelligente Vermutung« durch den Fachmann bestätigt wird.

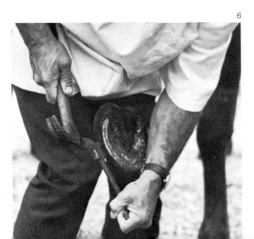

6

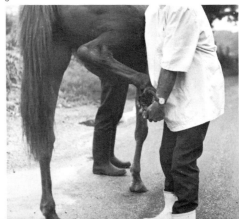

8

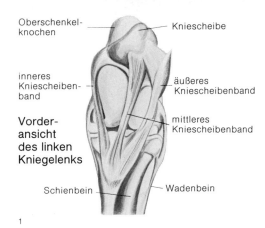

Vorderansicht des linken Kniegelenks

Kniegelenkentzündung (Gonitis)

Gelenkentzündungen sind immer eine ernste Erkrankung, besonders aber am Knie, weil es sich hierbei, genau wie beim Menschen, um ein sehr kompliziertes Gelenk handelt (1).

Ursache
Direkte Verletzung, verstauchte, gerissene oder angerissene Bänder, Verletzung des Knorpels oder der Menisken, Trauma (Quetschung) oder Eröffnung der Gelenkkapsel.

Krankheitserscheinung
Das auffallendste Symptom von Gonitis ist, daß das Pferd mit dem verletzten Bein auf der Zehenspitze geht. Es ruht das Bein aus, indem es die Zehe aufstellt und das Fesselgelenk nach vorn schiebt, um dadurch den Druck auf das Knie zu mildern (2).
Das kranke Kniegelenk ist gewöhnlich geschwollen und schmerzhaft, und der Schmerz wird stärker, wenn das Gelenk gebeugt wird.

Behandlung
Gelenkentzündungen ohne Vorliegen einer Verletzung brauchen vor allem Ruhe. Man kann feuchte Wärme oder milde Einreibungen versuchen. Wenn sich der Zustand bessert, muß das Pferd noch vier Wochen geschont werden.
Liegt ein Bänder- oder Meniskusriß vor, sind die Aussichten schlecht, verlängerte Ruhigstellung ist die einzige Hoffnung.
Frische Gelenkwunden sollten genäht werden, gleichzeitig spritzt man hohe Dosen von Antibiotika. Stichwunden der Gelenkkapsel erfordern eine Füllung der Kapsel mit Antibiotika, notfalls nach vorheriger Punktion.

Kniescheibenluxation

Eine Entzündung des Kniegelenkes ist sehr häufig die Folge einer Verrenkung der Kniescheibe. Diese (lateinisch: Patella) wird von drei Bändern gehalten. Durch einen Riß oder eine Dehnung eines der beiden äußeren Bänder rutscht die Kniescheibe aus ihrer Lage (Luxation). Dies kann entweder nach innen oder nach außen eintreten, gelegentlich verschiebt sich die Kniescheibe auch nach oben.

Ursache
Unfall oder angeborene Bänderschwäche. Pferde in schlechter Kondition neigen mehr dazu.

Krankheitserscheinung
In der Vorwärtsbewegung wird die Zehe nach vorn nachgezogen, und die Kniescheibe springt in ihre Position zurück, wenn das Bein voll belastet wird. Gelegentlich kann man die sich bewegende Kniescheibe hören, aber normalerweise sieht man sie bei eingehender Beobachtung des Kniegelenkes, wenn das Pferd vorwärts geht (1).

Behandlung
Vollständige Ruhe ist die wertvollste aller Behandlungsformen, aber die Ruhepause muß bis auf ein Jahr oder noch länger ausgedehnt werden. Gleichzeitig muß die allgemeine Kondition des Patienten durch gute Fütterung verbessert werden.
Bei einem wertvollen Pferd lohnt es sich, einen orthopädisch-chirurgischen Eingriff zu versuchen.
Selbstverständlich muß operiert werden, ehe bleibende Schäden am Gelenk aufgetreten sind. Der Eingriff besteht in der Durchtrennung des medialen Kniescheibenbandes. (Anm. d. Übers.: Über die Erfolgschancen sind die Meinungen geteilt, bei jüngeren und nicht zu schweren Pferden kann die Operation jedoch empfohlen werden.)

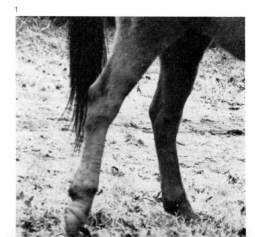

Spat

Verknöcherungen der kleinen Sprunggelenkknochen führen zum Spat. Dieser besteht, ebenso wie Schale, aus Knochenauflagerungen. Bei Spat liegen diese vorne, innen und am unteren Rand des Sprunggelenkes (1).

Krankheitserscheinung
Vor allem während der Entstehung der Knochenveränderungen kommt es zu Schmerzen und dadurch zu ständiger oder zeitweiser Lahmheit. Wenn man das Bein eine Minute hochhebt, ist die Lahmheit danach ausgeprägter.

Ursache
Überanstrengung, vor allem in der Jugend, und Verstauchungen oder Prellungen, die zu einer Entzündung der Knochenoberfläche führen. Die daran anschließende Knochenneubildung oder Exostose kann sich auch als arthritische Veränderung an der Gelenkoberfläche auswirken.

Behandlung
1. Vollständige Ruhe: wie bei allen Entzündungen und Verstauchungen der wichtigste Faktor bei der Heilung.
2. Orthopädische Huf- und Beschlagkorrektur, das Spateisen mit erhöhtem Schenkel genügt manchmal zur Behebung geringgradiger Spatlahmheit.
3. Scharfe Einreibungen oder oberflächliches Brennen hat meist wenig Sinn. Tiefes Brennen bis in die Knochenneubildungen zusammen mit Stallruhe für mehrere Monate kann versucht werden.
4. Spatoperationen als Entfernung eines Teils der über dem erkrankten Sprunggelenk verlaufenden Sehne (2).

Neben dem Spatschnitt wird auch vor allem bei Trabern die Durchtrennung der oberflächlichen Nerven vorgenommen.

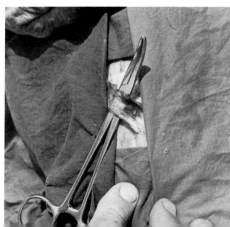

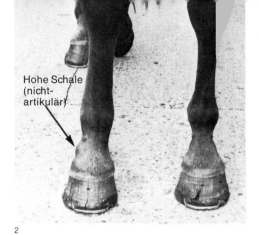

Schale (Ringbein)

Schale ist, ebenso wie Spat (s. S. 143), eine Exostose, also eine Knochenneubildung, in Form einer Auflage (1). Sie kommt auf der Fessel vor und kann eine »hohe« oder »tiefe« Schale sein.

Bei der hohen Schale ist das Fesselbein angegriffen, d. h. der Knochen, der von der Fessel bis zum ersten Gelenk unterhalb der Fessel verläuft (2). Bei der tiefen Schale ist das Kronbein angegriffen, gerade oberhalb oder in sehr ernsten Fällen unterhalb des oberen Hufrandes (3).
Es gibt auch »artikuläre« und »nichtartikuläre« Schalen. Mit »artikulär« bezeichnet man den Fall, bei dem die Schale das Gelenk entweder zwischen Fessel- und Kronbein angreift oder zwischen Kron- und Hufbein, d. h. das Gelenk am oberen Hufrand (4).

Wann tritt sie auf?
Schale kann in jedem Alter auftreten, man findet sie bei jungen Pferden, Jährlingen genauso wie bei alten Pferden.

Ursache
Einwirkung von Gewalt, Prellung durch harte Straßen, Stellungsfehler bei falschem Beschlag und Erbanlage.

Krankheitserscheinung
Deutliche Lahmheit. Die Diagnose wird auf Grund der Lahmheit und einer schmerzhaften Anschwellung über der angegriffenen Zone gestellt. Nach unterschiedlichen Zeitabständen (bis zu einigen Monaten) klingt die Empfindlichkeit ab, und eine Verknöcherung oder Knochenneubildung entsteht.

Nichtartikuläre Schale
Beim nichtartikulären Fall wird die Lahmheit abklingen, sobald die Verknöcherung oder Knochenneubildung vollständig ist, und es besteht die Wahrscheinlichkeit, daß sie nicht mehr auftritt.

Artikuläre Schale
Hier hingegen ist die Prognose sehr ernst, und die Lahmheit kann immer bestchen

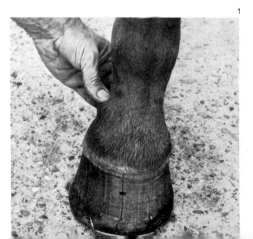

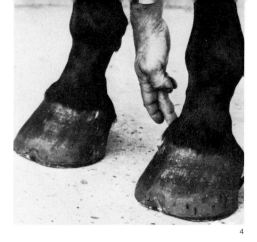

bleiben, weil die Rauheit der Kallusbildung sich auf das Gelenk ausdehnen kann und dies sehr oft auch tut.

Behandlung
Zuallererst muß für längere Dauer völlige Ruhe gewährt werden (bis zu einer Saison). Wenn später die Lahmheit noch andauert, können Punktfeuer und scharfe Einreibung versucht werden (5); doch bei der artikulären Schale besteht nur eine ganz kleine Chance auf vollständigen Erfolg.
Nichts kann bewirkt werden durch wiederholte Einreibungen der Geschwulst mit Jodpräparaten oder Scharfsalben.

Jucken im Fesselbehang (Fußräude)

Neben der Fußräude (s. S. 74) kann es im Herbst zu erheblichem Juckreiz durch Befall mit den Larven der Herbstgras- oder Erntemilbe kommen. Die Larven wandern am Gras hoch und setzen sich unter anderem auch bei Pferden am Kopf, den Schenkelinnenflächen und am Kötenbehang fest (1).

Krankheitserscheinung
Stampfen mit den Füßen und Knabbern.

Behandlung und Vorbeugung
Einmal pro Woche Einstauben der unteren Partien der Pferdebeine mit einem parasitentötenden Mittel oder Abbürsten mit Phosphorsäureestern in wäßriger Lösung.

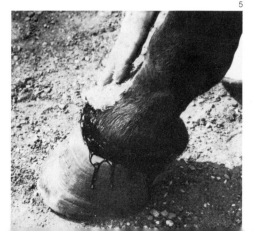

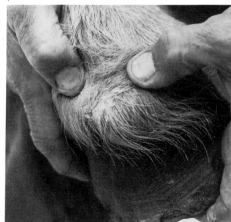

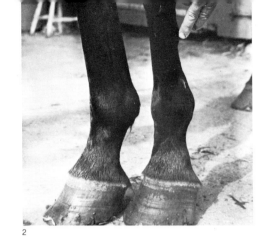

2

Überbeine

Um genau zu verstehen, was Überbeine sind, sind einige Kenntnisse der einfachen Anatomie erforderlich.

Zwischen dem Vorderknie und dem Fesselgelenk verläuft die Röhre. Am hinteren Teil zu beiden Seiten des Röhrbeines liegen die zwei kleinen Griffelbeine. Sie sind oben breit, wo sie einen Teil des Vorderknies bilden, und verjüngen sich zu einer Spitze nach etwa zwei Dritteln der Länge des Röhrbeines (1).

Beide Griffelbeine sind durch Bänder mit der Knochenhaut (Periost) der Röhre verbunden. Wird auf die Vorderbeine eine übermäßige Belastung ausgeübt, kann das eine oder andere der Bänder sich dehnen oder gezerrt werden, und wenn dies geschieht, wird die Knochenhaut vom Knochen weggerissen.

Die nachfolgende Entzündung ruft eine Schwellung hervor, lokale Schmerzen und oft sogar deutliche Lahmheitserscheinungen. Die Lahmheit und der Schmerz verschwinden nach zwei oder drei Wochen, aber die Schwellung verhärtet sich, weil sich die Entzündungsflüssigkeit und das Gewebe in Knochen verwandeln. Dabei wird das Griffelbein direkt mit dem Röhrbein verwachsen.

Häufigste Stelle

Die häufigste Stelle für Überbeine befindet sich im äußeren Teil des oberen Drittels der Röhre und des Griffelbeines (2).

Ernstere Stellen

Das Überbein kann sich auf der Innenseite des Griffelbeines bilden und kann dadurch gefährlich sein, weil es auch nach dem Abklingen des Schmerzes die Aktion der Beugesehnen, die hinter der Röhre zwischen den beiden Griffelbeinen verlaufen, behindern kann.

Entsteht ein größeres Überbein quer auf der hinteren Seite der Röhre unter den Beugesehnen, wird es manchmal »postmetacarpales« Überbein (3) genannt. Bildet sich ein Überbein am Kopf des Griffelbeines, kann dies zu einer sehr ernsten Sache werden, weil es das Vorderfußwur-

1 3

Griffelbeine
(kleine
Metacarpalknochen)

Röhrbein
(Metacarpus)

Das postmetacarpale
Überbein liegt unter den
Beugesehnen

Röhrbein
(Rückansicht)

zelgelenk und dessen Aktion beeinträchtigen und stören kann.

Wann kommen Überbeine vor?
Sie erscheinen am häufigsten bei jungen Pferden (drei- bis vierjährig), wenn sie mit intensiver Arbeit beginnen (4).

Krankheitserscheinung
Lahmheit, Schwellung und Schmerz bei Druck auf der Stelle, wo sich das Überbein bildet.

Behandlung
Ruhe ist die wesentlichste Voraussetzung bei der Behandlung aller Lahmheiten. Grundsätzlich soll man bei entzündlicher Wärme kühlen – entweder mit Lotionen wie Benadryl, durch Berieselung mit Wasser oder einen Watteverband mit einer Essigsaure-Tonerde-Lösung. Am wirkungsvollsten sind zweimal täglich Packungen mit Tonerde (5) oder Lehm und Essig. Man kann diese Mischung auch einfach aufstreichen, läßt sie antrocknen und wäscht sie dann wieder ab. Der Tierarzt kann die Besserung mit Kortisoninjektionen beschleunigen.

Wenn die entzündliche Wärme abgeklungen ist, behandelt man Lahmheit mit durchblutungsfördernden Maßnahmen wie einem Anstrich mit verdünntem Jod, Ichthyol-Kampfer- oder Jodsalben, vor allem jedoch mit feuchten Umschlägen, bei denen die Verdunstung durch eine Lage Kunststoffolie unterbunden wird. Man nimmt Brennspiritus, etwa 1:3 mit Wasser oder essigsaurer Tonerde verdünnt, feuchtet damit einen Lappen an, legt diesen um das Bein, eine Schicht Watte darüber, und dann kommt die Folie. Gewickelt wird mit einer Wollbandage. Dieser Umschlag bleibt höchstens einige Stunden drauf, damit die Haut nicht zu sehr angegriffen wird.

Je nach Zustand der Haut macht man diese Packungen zweimal täglich. Wichtig ist das anschließende Wickeln mit einer trockenen Wollbandage.

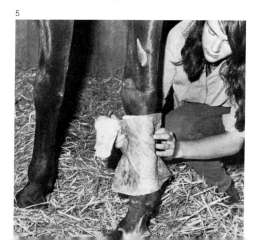

4 5

Bei veralteten Fällen greift man zu Fluid, scharfen Einreibungen, Punktbrennen oder Brennen mit Einreibung kombiniert.

Alle diese drastischen Maßnahmen sind jedoch nur nach Untersuchung durch den Tierarzt sinnvoll und können eine entsprechend lange Schonung des Pferdes, am besten in einem Laufstall, und anschließenden Weideaufenthalt nicht ersetzen.
Nach dem Verschwinden der Lahmheit darf nur sehr langsam mit der Arbeit begonnen werden, weil sonst die Bänder wieder reißen und die Genesung um Monate verzögert werden kann.
Überbeine, die keine Lahmheit verursachen, sind vor allem ein Schönheitsfehler und stellen keinen erheblichen Mangel dar.

Arthritis

Echte Arthritis ist beim Pferd selten, aus dem »Rheumatischen Formenkreis« kommen jedoch krankhafte Veränderungen vor, die fast immer mehrere Gelenke gleichzeitig betreffen (1).

Krankheitserscheinung
Vor allem am Morgen, wenn das Pferd aus dem Stall geführt wird, geht es lahm. Da meist mehrere Beine erkrankt sind, ist es schwer, den Sitz der Lahmheit festzustellen. Bei feuchtem, kaltem Wetter treten die Erscheinungen verstärkt auf. Nach Bewegung bessert sich der Zustand, in fortgeschrittenen Fällen bleibt die Lahmheit bestehen.
Die Diagnose ist mit Sicherheit nur mittels Röntgen zu stellen.

Behandlung
Durch Butazolidin kann eine vorübergehende Schmerzfreiheit erreicht werden. Eine echte Besserung gibt es nicht. Kupferbänder in Lederriemen (2) haben keinen Wert.

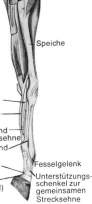

Muskeln und Sehnen des Vorderbeins vom Ellenbogen abwärts

- Speiche
- Tiefe Beugesehne
- Oberflächliche Beugesehne
- Unterstützungsband der Hufbeinbeugesehne
- Unterstützungsband
- Tiefe Beugesehne
- Fesselgelenk
- Hufbeinknorpel (seitlicher Knorpel)
- Unterstützungsschenkel zur gemeinsamen Strecksehne

1

Zerrung der Beugesehnen

Auf der Rückseite der Röhrbeine verlaufen die beiden Beugesehnen, die oberflächliche und die tiefe (1). Ihre Funktion ist das Beugen der Beine, wenn sich die Muskeln an ihren oberen Enden zusammenziehen. Wenn ein Pferd galoppiert oder springt und seine Beine aufs äußerste nach vorne streckt, entsteht jedesmal, wenn es mit den Vorderbeinen landet, eine ungeheure Belastung der Beugesehnen (und der Unterstützungsbänder – s. »Zerrung des Unterstützungsbandes« S. 156) (2). Oft lassen einige Fasern der Sehne nach, und in einem extremen Fall kann die ganze Sehne reißen.

Krankheitserscheinung

Im normalen Fall, in dem nur ein Teil der einen Sehne beeinträchtigt ist, sind die üblichen Symptome deutliche Lahmheit, Schwellung und Verdickung der betroffenen Stelle und deutliche Schmerzen bei der Berührung (3).

Behandlung

Vollständige Ruhe während einer langen Zeit, unter allen Umständen während mindestens drei Monaten. Den Rest der Saison aussetzen.

Im Anfangsstadium sind zweimal täglich warme Packungen wie beim Überbein zu empfehlen, bis der Schmerz und die Schwellung abgeklungen sind (4, S. 150). Ist die Schwellung übermäßig groß, kann der flüssige Inhalt vom Tierarzt abgezogen werden, der wahrscheinlich nach diesem Vorgang eine spezielle Kortisoneinspritzung in die betroffene Stelle machen wird.

Sind die Sehnen vollständig gerissen, berührt das Fesselgelenk fast den Boden. Bei diesem sogenannten »Niederbruch« besteht wenig Hoffnung auf Heilung.

Nachdem der Schmerz vollständig verschwunden ist, kann man brennen und eine scharfe Einreibung vornehmen (5, S. 150). Dieser eher drastische Eingriff scheint in vielen Fällen aus irgendwelchen Gründen erfolgreich zu sein, ob-

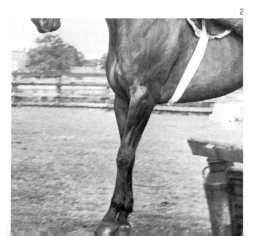

gleich sich viele Tierärzte dagegen sträuben. Vielleicht liegt der Erfolg der Behandlung hauptsächlich in der aufgezwungenen verlängerten Ruhepause.
Es gibt eine ganze Anzahl Brennmethoden – Strich- und Gitterbrand, Punktfeuer sowie die Injektion reizender Mittel unter die Haut. Auch Kurz- und Mikrowellen und die Sehnenspaltung werden angewendet. Über die Wirksamkeit jeder Methode läßt sich diskutieren. Bestimmt ist die Sehne oder das Band, das einmal gezerrt worden ist, nie mehr voll belastungsfähig, obwohl mit den modernen chirurgischen Möglichkeiten große Fortschritte auch bei der Behandlung von Sehnenverletzungen erzielt worden sind.
Wichtig sind in jedem Fall die lange Ruhepause und das anschließende, genau dosierte Training.

Radialislähmung

Teilweise oder totale Lähmung des Radialisnervs, der vorn über die Schulter und dann ins Vorderbein hinein verläuft. Die Ursache ist gewöhnlich eine Prellung vorne an der Schulter oder aber ein Hängenbleiben mit dem Vorderhuf.

Krankheitserscheinung
Der Ellenbogen hängt tief, und die vordere Zehe wird nachgezogen (1). Gewöhnlich findet man Spuren einer Verletzung in der Nähe des Schultergelenks.

Behandlung
Vollständige Ruhe und Kortisoninjektionen, bis die Schwellung und der Schmerz abgeklungen sind.
Danach soll – falls es Sommer ist – der Patient auf die Weide gebracht werden. Moderne Physiotherapie kann in solchen Fällen gewaltig helfen; am besten soll hier der Tierarzt zur Beratung herangezogen werden.

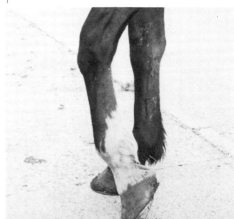

Erkrankungen der Sehnenscheiden

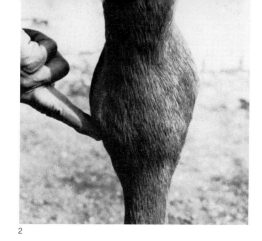

Die Sehnenscheiden umgeben als schützende Hülle die Beugesehnen und scheiden als eine Art Schmiermittel die Synovia aus. Diese Flüssigkeit befindet sich auch in den Gelenken sowie zahlreichen Schleimbeuteln und sorgt dort für das reibungslose Gleiten der Gelenkflächen und Sehnen. Wenn durch Gewalteinwirkung oder Überanstrengung sich die Innenauskleidung der Schleimbeutel oder Sehnenscheiden entzündet, kommt es zu einer vermehrten Produktion der Synovia und zu meist schmerzlosen Schwellungen der Schleimbeutel (1).

Weicher Spat

Hierbei handelt es sich um eine weiche Schwellung an der vorderen Innenseite des Sprunggelenks (2), etwas höher als beim eigentlichen Spat (s. S. 143).

Sprunggelenkgallen

Sie betreffen die ganze Gelenkkapsel (3) und treten vor allem bei jungen Pferden auf der Weide auf.
Bei dieser Art der Sehnenscheidenerkrankung kann es sich um die Folgen von Vitamin- oder Mineralstoffmangel oder aber von starkem Wurmbefall handeln. Die im Blutkreislauf wandernden Larven der Blutwürmer (Strongyliden) schädigen dabei zeitweise die Innenwände der Blutgefäße in den Beinen. Auch Überanstrengung oder unsachgemäßes Einreiten sowie Stellungsfehler und falscher Beschlag können zu Gallen führen. Wesentlich mitbeteiligt ist auch die Konstitution, also die ererbte Widerstandskraft des Tieres.
Bei jungen Pferden verschwinden Gallen meist von selbst, bei älteren Pferden dagegen können sich bleibende Verhärtungen bilden. Diese sogenannten harten Gallen sind mehr als nur ein Schönheitsfehler, sie können zu langwierigen Lahmheiten führen.

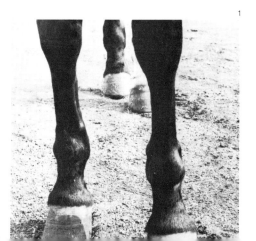

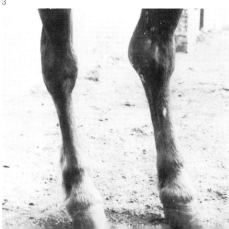

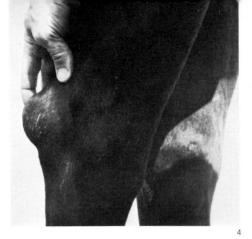
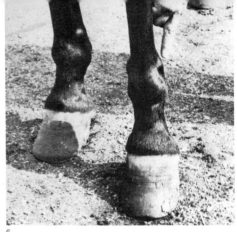

4 6

Piephacke

So nennt man einen beulenartig verdickten Schleimbeutel am Fersenhöcker (4). Er entsteht fast immer durch einen Schlag, sei es gegen die Boxenwand, sei es beim Ausrutschen auf glattem Stallboden. Anfangs besteht durch die Verletzung eine gewisse Schmerzempfindlichkeit, die pralle Füllung des Schleimbeutels tut jedoch nicht weh. Sie stellt allerdings einen erheblichen Schönheitsfehler dar. Zweimal täglich mit kaltem Wasser abspritzen kann im Anfangsstadium der Schwellung versucht werden, später hat eine Behandlung keinen Sinn mehr.

Kreuzgallen

Sie betreffen die Sehnenscheiden, die innen wie außen-hinten oberhalb des Sprunggelenkes verlaufen (5). Wie die Piephacke beeinträchtigen Kreuzgallen den Gebrauchswert des Pferdes nicht. Meist beläßt man diese Schönheitsfehler.

Fesselgelenkgallen

Oberhalb des Fesselgelenkes verlaufen innen und außen zwei Sehnenscheiden. Wenn sich diese mit Synovialflüssigkeit füllen und ausgedehnt werden, entsteht eine sogenannte Fesselgelenkgalle (6). Diese Gallen kann man am häufigsten bei älteren Pferden sehen. Sie können sowohl an den Vorder- als auch an den Hinterbeinen auftreten. Sie sind wohl ein unansehnlicher Schönheitsfehler, werden aber nicht als Mangel betrachtet.

Stollbeule

Am Ellenbogenhöcker befindet sich ein Schleimbeutel, der beim Aufstehen oder Niederlegen sowie auch beim Liegen selbst manchmal durch den Schenkel des vorderen Hufeisens verletzt wird. Um die dadurch entstehende Ellenbogengalle oder Stollbeule (7) zu verhüten, sorgt man für einen korrekten Hufbeschlag mit möglichst kurzen Schenkeln (8). Man kann

5 7

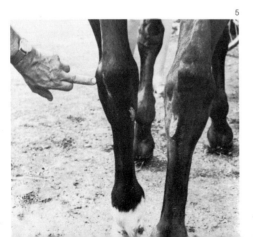
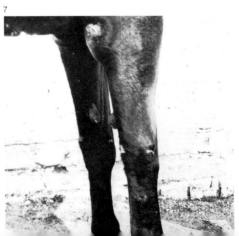

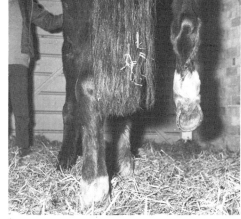

auch abends, ehe das Pferd sich hinlegt, die Schenkel des Eisens mit Stoff umwickeln. Jedenfalls ist es wichtig, gleich im Anfangsstadium die Ursache abzustellen, denn später hilft nur mehr eine operative Entfernung der Stollbeule. Sie ist zwar nicht gefährlich, aber sehr unschön.

Behandlung von Gallen
Außer in den Anfangsstadien (s. »Piephacke«) ist die Behandlung meist nicht sinnvoll, solange keine Lahmheit besteht. Der Tierarzt kann die Synovialflüssigkeit mit einer Spritze abziehen und eine Kortisonspritze geben. Da die Natur jedoch danach trachtet, den Hohlraum wieder aufzufüllen, ist der alte Zustand meist bald wieder erreicht. Besser ist es, die Ursachen abzustellen durch Wurmkuren, ausreichende Versorgung mit Mineralstoffen, richtigen Hufbeschlag und angemessene Arbeitsbelastung.

Sehnenscheidenentzündungen

Außer den örtlichen Auftreibungen der Schleimbeutel gibt es auch die Schwellung innerhalb der Sehnenscheiden. Sie tritt auf als Folge von Überanstrengung, vor allem bei zu hohen Stollen, und macht sich als Schwellung im Bereich des Röhrbeins bemerkbar. Ein vernünftiger Reiter kontrolliert diese Partie bei seinem Pferd nach jedem anstrengenden Ritt, wobei Schwellungen am besten bei aufgehobenem Fuß zu erkennen sind. Sind die Vorderbeine oberhalb der Fesseln geschwollen, spritzt man die Beine mit dem Wasserschlauch ab oder macht eine kühlende Packung.
Es gibt jedoch auch Entzündungen durch eine Infektion, die sich durch schlagartiges Einsetzen von Fieber, hochgradiger Lahmheit und schweren Allgemeinstörungen bemerkbar machen. In jedem Verdachtsfall Temperatur messen und bei Fieber sofort den Tierarzt holen, damit er Antibiotika spritzen kann.

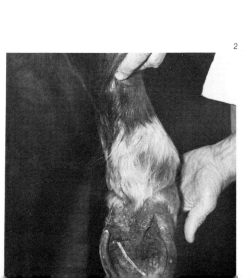
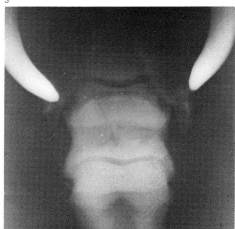

Knochenbrüche

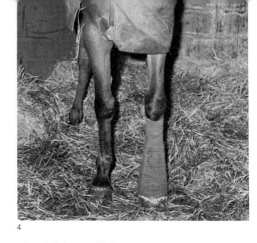
4

Ein Beinbruch (1, S. 153 rechts oben) bedeutet gewöhnlich, daß das Pferd euthanasiert werden muß. Aber nicht, weil der Bruch nicht geheilt werden könnte – erfolgreiche, fortschrittliche orthopädische Chirurgie wird sogar in einigen Tierspitälern ausgeführt, und die Techniken werden bestimmt immer besser –, sondern gewöhnlich ist es finanziell uninteressant zu operieren, besonders, weil nur eine kleine Chance besteht, daß das Pferd nachher wieder vollständig gesund wird. Deswegen werden schlimme Brüche meist nur bei wertvollen Zuchthengsten oder -stuten behandelt, gelegentlich auch bei erfolgreichen Turnierpferden.

Ein Bruch des Röhrbeins ohne Verschiebung der Bruchenden (2, S. 153 links unten) kann jedoch oft erfolgreich und auch wirtschaftlich tragbar behandelt werden. Wichtig ist die Erkennung; im Fall eines Verdachts sollte so schnell wie möglich geröntgt werden.

Auch Fesselbeinbrüche haben eine gute Chance (3, S. 153 rechts unten); beim abgebildeten Fall war nach drei Monaten Heilung eingetreten (4).

Wenn ein Pferd von einem anderen geschlagen wird, vor allem mit Eisen, kommt es relativ häufig zu Knochenrissen (5). Hierbei bemerkt man plötzliche starke Lahmheit. Auf keinen Fall darf man dann weiterreiten, das Pferd muß transportiert werden. Wichtig ist das behelfsmäßige Schienen mit Hilfe von Polstermaterial, zwei Brettchen und einer straff angezogenen Bandage. Natürlich muß dieser Verband möglichst von der Fessel bis zum Vorderknie reichen. Den endgültigen Gips- oder Kunststoffverband (6) macht dann der Tierarzt. Nun bedarf es der Ruhe, Diät und etwas Glück. Die Hauptschwierigkeit besteht darin, das Pferd ohne Komplikationen in den Hängegurten zu halten.

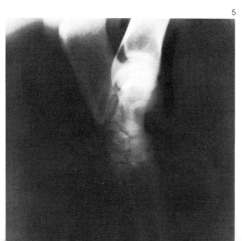
5

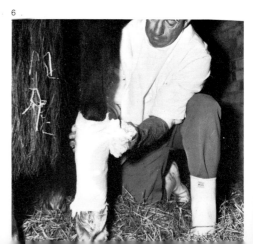
6

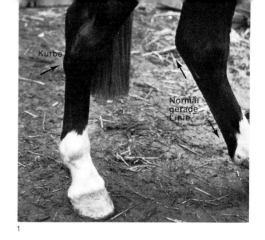

Hasenhacke (Kurbe)

Auf der Rückseite des Sprunggelenks gibt es ein starkes, faseriges Band, das gleich unterhalb der Spitze des Sprunggelenks ansetzt und bis zum Kopf des Hintermittelfußknochens oder der Röhre verläuft. Die hauptsächliche Funktion dieses Bandes ist, den Knochen der Sprunggelenkspitze nach oben zu halten – mit anderen Worten: ihn in einer bestimmten Position zu verankern.

Wenn junge Pferde galoppieren und springen, kann dieses Band gezerrt werden – die Zerrung kommt meistens bei Pferden mit schlechtem Gebäude und fehlerhaften Stellungen der Gliedmaße vor, z. B. bei säbelbeiniger Stellung.

Tritt eine solche Zerrung auf, verursacht die darauffolgende Schwellung eine Hasenhacke (Kurbe) (1).

Ursache
Überanstrengung, vor allem bei jungen Pferden.

Krankheitserscheinung
In den frühen Stadien treten neben der Schwellung beachtliche Schmerzen und gewöhnlich eine leichte Lahmheit auf (2). Nach zwei oder drei Wochen klingen Lahmheit und Schmerzen ab, aber die Schwellung oder Verdickung bleibt zurück. Die Verdickung ist zu erkennen, wenn man aus etwas Distanz schaut oder mit der Hand oder den Fingerspitzen von der Spitze des Sprunggelenks die hintere Mittellinie gerade hinunterfährt.

Behandlung
Vollständige Ruhe während mindestens zwei Wochen, mit dem Wasserschlauch die Stelle zwei- oder dreimal täglich fünf Minuten lang abspritzen. Man soll *keine Mittel einreiben* und keine scharfe Einspritzung machen. Besteht der geringste Zweifel, soll sofort der Tierarzt zu Rate gezogen werden.

Bei der *Knochenhasenhacke,* die durch Liegen auf hartem Boden entsteht, muß man auf weiche Einstreu achten.

Wenn Schwellung und Lahmheit abgeklungen sind, frühestens aber nach zwei Wochen, darf das Pferd zu ruhiger, leichter Arbeit herangezogen werden. Mindestens drei Monate lang darf keine intensive Arbeit verlangt werden. Überanstrengung muß auch in Zukunft immer vermieden werden.

Beurteilung
Im allgemeinen stellt die Hasenhacke keinen Gewährmangel dar, weil sie auch für den Laien sichtbar ist und meist keine Lahmheit verursacht. Es gibt auch die angeborene Hasenhacke, die sogenannte verletzte Linie, infolge starker Entwicklung des Griffelbeins. Dies gilt nicht als Fehler.

Zerrung des Unterstützungsbandes

Eine Zerrung des Unterstützungsbandes ist glücklicherweise nicht sehr häufig. Wenn sie doch eintritt, ist die erkrankte Zone meist der untere Teil, wo sich das Band in der Nähe des Fesselgelenkes teilt (1).

Ursache
Das Unterstützungsband ist ein elastisches Band, das mit der Stütze des Fesselgelenkes zusammenhängt. Eine Zerrung oder in manchen Fällen ein vollständiger Riß kann dann auftreten, wenn das Pferd im schnellen Galopp oder beim Springen ausrutscht. Man kann sogar sagen, daß das Ausrutschen während schneller Arbeit oder beim Springen die Hauptursache ist.

Krankheitserscheinung
Akute Lahmheitserscheinungen sowie Wärme und Schmerzen gleich oberhalb des Fesselgelenkes. Ist das Band gerissen, tritt das Pferd »durch«, obgleich das Fesselgelenk noch durch die oberfläch-

liche Beugesehne gehalten wird. Jede Verletzung des Unterstützungsbandes ist ernst und kann eine lange Zeit zur Heilung brauchen.

Behandlung
Eine verlängerte Ruhepause mindestens bis zum Ende der Saison.
Sind die Bandäste gerissen, muß das Fesselgelenk entweder durch elastische Bandagen oder in extremen Fällen durch einen Gipsverband gestützt werden.

Prognose
Eine leichte Zerrung spricht oft auf eine lange Ruheperiode an und heilt so weit, daß das Pferd wieder in ganz gesundem Zustand Rennen laufen kann.
Ist das Band dagegen gerissen, ist eine vollständige Heilung selten, und die Behandlung sollte man nur für ein Pferd, das zur Zucht verwendet wird, in Betracht ziehen.

Hahnentritt

Der Hahnentritt ist eine nervöse Erscheinung mit unbekannter Ursache.

Krankheitserscheinung
Eines oder auch beide Hinterbeine zukken aufwärts und nach außen. Diese ruckartige Bewegung entsteht, weil das Sprunggelenk übermäßig abgebeugt wird (1). Am deutlichsten kann man diese Bewegungsstörung erkennen, wenn das Pferd im Schritt geht oder auf einer kleinen Volte im Trab scharf gewendet wird (2). Bei den schnelleren Gangarten bemerkt man sonst kaum etwas.
Es ist ein schmerzloser Zustand und verursacht keine Lahmheit. Trotzdem ist es ein sehr unschönes Bild und setzt auch den Gebrauchswert des Pferdes herab. Viele Pferde mit Hahnentritt können gearbeitet werden und galoppieren und springen auf völlig befriedigende Weise. Es gab sogar eine Stute mit Hahnentritt, die den »Grand National Steeplechase« in England gewonnen hat. Leider wird der Zustand mit dem Alter häufig schlimmer.

Behandlung

Eine in jedem Fall erfolgreiche Behandlung gibt es zur Zeit noch nicht. Manchmal verschwinden die Erscheinungen nach monatelanger Ruhepause.
Es gibt verschiedene Methoden, durch Sehnendurchtrennungen das Leiden zu bessern. Meist wird dabei der seitliche Zehenstrecker entweder entfernt, oder es wird ein Stück herausgeschnitten.
Neuerdings werden mit Erfolg durch Injektion eines örtlichen Betäubungsmittels in den Sympathikus der Reizzustand behoben und dadurch eine Besserung erzielt. Auch intravenöse Injektionen von Muskelrelaxantien sollen helfen. Verabreichung von Vitamin-B-Komplex wirkt dabei unterstützend.

Muskelzittern

Damit bezeichnet man eine weitere nervöse Krankheit, deren Ursache ebenfalls unbekannt ist und die keine Schmerzen verursacht, aber sehr störend sein kann.

Krankheitserscheinung

Unwillkürliches Zittern einiger Muskelgruppen, im allgemeinen in den Hinterbeinen, gelegentlich aber auch in den Vorderbeinen.
Wird ein Tier, das diese Symptome aufweist, rückwärts gestellt oder geschoben, hebt es den Schweif und zeigt auch hier ein deutliches Zittern (1). Beim Beschlagen verschlimmern sich die nervösen Erscheinungen, vor allem beim Aufnageln des Eisens. Das Pferd hebt dabei den Fuß zur Seite, und es besteht die Gefahr, daß es umfällt. Trinken von kaltem Wasser oder ein kalter Guß über das befallene Bein verstärken die Symptome. Beim Hufschmied kommt es bei diesen Pferden oft zu großen Schwierigkeiten.
Eine Injektion mit einem der neueren Beruhigungsmittel ermöglicht fast immer,

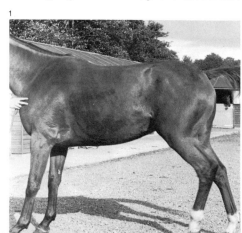
1

den Fuß zu heben und das Pferd zu beschlagen. Eine Behandlung des Leidens als solches gibt es jedoch nicht.

Ist Muskelzittern ein Mangel?
Ja, wenn es auch wie Hahnentritt (S. 157) ein schmerzloser Zustand ist. Wie der Hahnentritt neigt auch diese Krankheit dazu, sich mit dem Altern des Pferdes zu verschlimmern.

Einschuß (Lymphangitis)

Bei dieser Entzündung der Lymphgefäße (Lymphangitis) breitet sich unter der Haut flächenhaft Eiter aus. (Diese eitrige Zellgewebsentzündung heißt im Lateinischen »Phlegmone«.)
Wie der Name Einschuß besagt, tritt diese Krankheit schlagartig auf. Vor allem betroffen sind gut gefütterte und regelmäßig arbeitende Pferde, wenn sie plötzlich nicht bewegt werden. Die Eintrittspforte der Infektion ist meist eine unscheinbare Verletzung. Vorsicht ist auch mit Kettenhang geboten.

Krankheitserscheinung
Der Patient bekommt hohes Fieber, bis 40° oder 41°C, und erhöhten Pulsschlag. Es entsteht eine deutliche und oft heftige Lahmheit in einem Bein, gewöhnlich in einem Hinterbein (1), gelegentlich aber auch vorne.
Die Lymphgefäße, d. h. die »Drainage«-Gefäße, im Bein schwellen an. Auf der Innenseite fühlen sie sich an wie harte Stränge mit Knoten. Diese Verdickungen

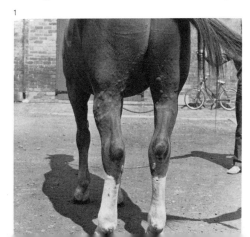
1

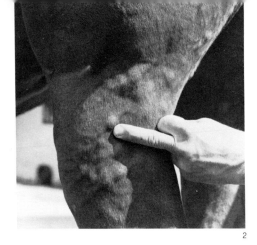

sind die geschwollenen Lymphdrüsen (2). Tritt die Schwellung in Erscheinung, gehen gewöhnlich Pulsschlag und Temperatur fast auf normal zurück, obschon das ganze Bein weiter anschwillt und manchmal fast das Doppelte seiner normalen Stärke erreicht.

Behandlung

Die Lymphdrüsen und die geschwollenen Lymphgefäße sollen mit einer Salbe oder einer öligen Flüssigkeit massiert werden (3). Diese Massagen sollen drei- oder viermal täglich durchgeführt werden, wobei der Patient immer eine halbe Stunde lang geführt werden soll, vorausgesetzt, daß die Temperatur wieder normal ist. (Anm. d. Übers.: Bewährt hat sich das Baden des kranken Beins in gut warmem Seifenwasser, am praktischsten ist für diesen Zweck ein Holzeimer. Wie jede wärmende Behandlung nicht im akuten Fieberstadium.)
Sehr wichtig ist die Allgemeinbehandlung mit Antibiotika durch den Tierarzt; je schneller sie erfolgt, desto geringer ist die Gefahr, daß ein dickes Bein, ein sog. Hitzfuß, zurückbleibt.
Feuchtwarme Packungen mit verdünntem Brennspiritus (s. »Überbeine« S. 147) sowie Einreiben mit durchblutungsanregenden Salben auf einer Jod-Kampfer- oder Ichthyolbasis sind ebenfalls nützlich.

Vorbeugung

Wenn das Pferd nicht arbeitet, sollen seine Futtermenge stark herabgesetzt und der Hafer ganz weggelassen werden.

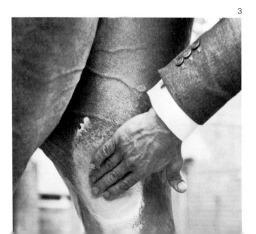

Kreuzverschlag (Myoglobinurie)

Diese Erkrankung der Muskeln wird auch Schwarze Harnwinde, Lumbago, Nierenverschlag oder Feiertagskrankheit genannt.
Ebenso wie Lymphangitis (S. 159) ist sie eine Folge mangelnder Bewegung bei für Arbeitsleistung berechneter Fütterung. Besonders gefährlich ist dies im Winter, wenn das Pferd aus dem Stall in die Kälte kommt.

Krankheitserscheinung

Wenn das Pferd nach einigen Ruhetagen zum erstenmal wieder arbeiten muß, fängt die Erkrankung nach 10 bis 30 Minuten mit steifem Gang, Schwitzen und Anzeichen von Angst und Unbehagen an. Die Muskeln am Rücken und der Kruppe sind bretthart. Der Harn, der meist in diesem Stadium nicht abgesetzt wird, ist dunkelbraun bis weinrot (1). Es ist dies nicht Blut, sondern Blutfarbstoff, der durch den Zerfall von Muskelfasern frei geworden ist und durch die Nieren ausgeschieden wird.

Behandlung

Auf keinen Fall darf man das Pferd nach Hause reiten. Wenn man das macht, wird der Zustand immer schlimmer, und das Pferd wird schließlich umfallen.
Kommt es dann zum Festliegen, ist meist keine Rettung mehr möglich. (Anm. d. Übers.: Versucht ein festliegendes Pferd aufzustehen, sollte man ihm helfen. Zunächst stützen je eine Person rechts und links den Kopf mit einem Strick am Halfter. Als nächstes zieht man Gurte unter dem Bauch durch und hebt das Pferd an den Seiten mit je einer Stange an. Besteht die Möglichkeit, einen Flaschenzug oder eine Querstange an der Stalldecke zu befestigen, streift man mit Lappen umwikkelte Stricke so um die vier Beine, daß vier Schlaufen entstehen. Über der Brust und unter dem Schweif verbindet man die Schlaufen mit zwei zusätzlichen Stricken. Dann werden die Strickenden über dem Rücken des Pferdes verknotet und am Haken des Flaschenzugs angehängt. Alle Hebeversuche haben jedoch nur Zweck,

wenn das Pferd sich selber helfen will.) Bei den ersten Anzeichen von Kreuzverschlag soll man das Pferd in einem Transporter in seine Box zurückfahren (2) und sofort den Tierarzt holen. Er wird unter anderem Vitamin B_1 intravenös spritzen; ob Kortisoninjektionen sinnvoll sind, ist umstritten. Das gleiche gilt für den früher üblichen Aderlaß.

Absolute Ruhe ist vorrangig. Deshalb werden schmerzlindernde und beruhigende Medikamente gegeben. Gegen die Muskelverspannung hilft das altbewährte Auflegen von heißen Decken auf die Lendengegend (3).

Wenn ein Pferd nicht stehen kann, muß es mit Strohballen abgestützt und alle fünf bis sechs Stunden umgedreht werden. Jede Aufregung und Anstrengung sind schädlich. In schweren Fällen haben sich Einspritzungen von Sauerstoff unter die Haut bewährt. Man besorgt sich aus einer Werkstatt eine Sauerstoffflasche mit einem Druckreduzierungsventil und setzt die Kanüle auf den Flaschenschlauch.

Erscheint das Pferd nach einem oder zwei Tagen wieder normal, kann die Bewegung wieder aufgenommen werden, aber dies muß sehr sanft und sehr langsam geschehen. Es gibt eine alte Regel, die heute noch gültig ist: »Wenn ein Pferd bewegt wird, soll es die erste Meile im Schritt gehen, die zweite traben, und dann kann man machen, was zum Teufel einem in den Kopf kommt.«

Vorbeugung

Wenn das Pferd nicht bewegt wird, sollen sein Futter drastisch reduziert und der Hafer vollkommen weggelassen werden. Ist das Pferd im Winter nun doch bei vollem Futter tagelang gestanden, führt man es vor der ersten Arbeit nüchtern und warm eingedeckt morgens im Freien ein paarmal auf und ab. Im Stall zurück, erhält es nur Heu und geht dann »die erste Meile im Schritt«.

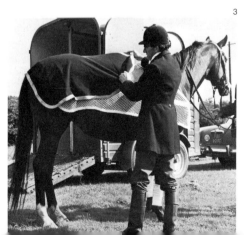

Muskelentzündung

Während die echte Myoglobinurie hauptsächlich bei Kaltblütern und schweren Huntern auftritt, erkranken die leichten Warmbluttypen unter ähnlichen Erscheinungen an Muskelentzündung. Hierbei stellen sich die Muskelverhärtungen jedoch mitten im Training ein. Die Pferde werden plötzlich langsamer, schwitzen und atmen schneller. Auch hier ist es ratsam, sofort abzusitzen und das Pferd nach einer Ruhepause langsam zum Stall zu führen. Besser ist allerdings auch hier der Transport mit einem Fahrzeug.
Bei dieser Art der Muskelentzündung besteht keine besondere Gefahr, die Pferde erholen sich auch ohne Behandlung. Günstig sind gegebenenfalls Beruhigungsmittel.
Neue Untersuchungen weisen auf einen möglichen Selen-Vitamin-E-Mangel hin.

Gras-Ödem

Gelegentlich bringt man ein Pferd von der Weide zurück mit einer deutlichen Schwellung an einem oder allen vier Beinen (1).
Diese Schwellung ist ödematös (ödemartig), und es kann eine leicht seröse (blutwäßrige) Ausscheidung an der Hautoberfläche entstehen; das Pferd oder Pony ist aber selten lahm. Diese Krankheit wird »Gras-Ödem« genannt.

Krankheitserscheinung

Das auffallendste Symptom ist, daß die Schwellung verhältnismäßig weich ist und auf Druck nachgibt (2).
Fieber oder Störungen des Allgemeinbefindens bestehen nicht.

Ursache

Da man meist nicht weiß, woher die Schwellung kommt, bezeichnet man Gras-Ödem als Allergie. Sie kann durch ein Nesselfieber oder durch Stiche von Wespen, Bienen, Fliegen etc. ausgelöst werden.

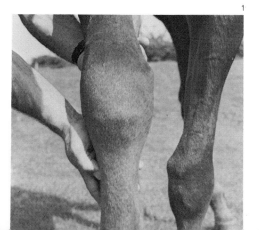
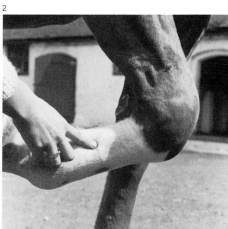

Mauke

Behandlung
Heiße und kalte Umschläge können versucht werden, aber im allgemeinen verschwindet die Schwellung mit der Bewegung. Sie ist selten schlimm, außer wenn sie von Lahmheit begleitet wird. Trotzdem haben Tierärzte moderne Antihistaminika und Diuretika, die die Schwellung rasch zum Verschwinden bringen. Es ist sowieso viel besser, den Tierarzt zu Rate zu ziehen, auch wenn es nur darum geht, die Diagnose bestätigen zu lassen.

Hierbei handelt es sich um eine Hautentzündung an den Beinen. Treten die Veränderungen in der Fesselbeuge auf, spricht man von Mauke (1); ist das Vorderfußwurzelgelenk oder das Sprunggelenk befallen, heißt das Raspe. Gefährdet sind vor allem Kaltblüter, Hunter, deren Mütter Kaltblüter sind, oder Ponys.

Ursache
Die eigentliche Ursache sind allergische Reaktionen auf eine Reihe von auslösenden Faktoren. Es gibt verschiedene Erscheinungsformen von Mauke; ihre wesentlichen Ursachen werden im folgenden beschrieben:

Schmutzmauke

Schmutzmauke ist die Folge von ständiger Durchnässung oder Schmutzverkrustung an den Beinen, wie sie bei schlechten Stallverhältnissen und mangelnder Pflege auftreten. Auch Weiden mit morastigen Stellen beim Stallausgang oder

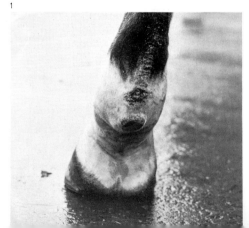

rund um die Wasserstelle führen, ebenso wie Berührung mit Jauche, zu Mauke.

Trockene Mauke

Sie ist nur eine andere Bezeichnung für das gleiche Erscheinungsbild der Hautreizung, wie sie bei Schmutzmauke zu beobachten ist. Neben dem bereits aufgeführten Schmutz als Hauptursache kommen auch Hautreize in Frage, wie sie durch zu kräftiges Reiben mit harten Bürsten oder durch Haarborsten entstehen als Folge des Scherens der Haare in der Fesselbeuge.

Nässende Mauke

Diese Form der Mauke ist durch eine schmalzige Absonderung gekennzeichnet (2). Die Haut der Fesselbeuge überzieht sich mit einem schmierigen, übelriechenden Belag. Hierfür sind vor allem Stoffwechselstörungen verantwortlich, im Verhältnis zur geleisteten Arbeit oder Bewegung erhält das Pferd zuviel Futter, vor allem zuviel Kraftfutter.

Warzenmauke

Für diese Maukeart ist eine fortgeschrittene Hautentzündung verantwortlich. Es bilden sich stinkende, warzenartige Höcker oberhalb der Fesselbeuge.

Krankheitserscheinung

Alle Formen der Mauke beginnen mit Hautrötung, Knötchen oder Bläschen. Als zweites Stadium zeigen sich die Absonderungen in Form der nässenden Mauke. Durch die Ansiedlung von Eitererregern kann es zu eitrigen Hautentzündungen mit Krustenbildung (3) und durch Schmerzen bedingte Lahmheiten kommen.
Bei der mehr trockenen Form der Mauke verdickt sich mit der Zeit die Haut und springt auf. Diese Schrunden sind oft durch Krusten verdeckt, aber der Zustand ist schmerzhaft, und das Pferd geht lahm.

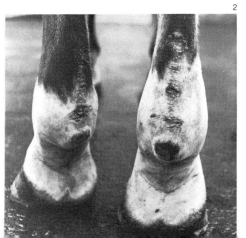
2

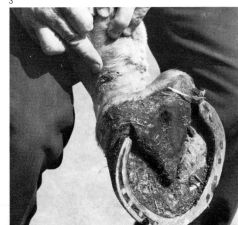
3

Durch die Anschwellung stehen die Haare igelartig ab (Igelfuß).

Behandlung

Durch die verschiedenen Möglichkeiten der Entstehung von Mauke müssen bei der Behandlung mehrere Gesichtspunkte berücksichtigt werden. Wichtig ist die Einschränkung der Fütterung, d. h. Anpassung der Fütterung an die geleistete Körperbewegung. Am besten gibt man bei nässender Mauke zunächst nur gutes Heu und zweimal täglich Kleiemash. Andererseits soll die Vitamin- und Mineralstoffversorgung gesichert sein. Die örtliche Behandlung beginnt mit einer gründlichen Reinigung mit Wasser und Seife. Dann trocknet man den Fuß sorgfältig ab (4), ehe man ein Medikament aufträgt. Eine goldene Regel lautet: Man trage nie Fett auf eine fettige Oberfläche auf, also bei schmierigen Hautentzündungen keine Salben. Bewährt hat sich eine Lotion aus 14 g Zinksulfat, 7 g Bleiacetat, 7,5 dl Wasser. Günstig sind auch Sprays mit Chloramphenicol und Gentianaviolett, vorausgesetzt, das Pferd duldet die Spraybehandlung.

Mit kortisonhaltigen Sprays ist Vorsicht geboten, die Wirkung klingt meist nach kurzer Zeit wieder ab. Alle kortisonhaltigen Mittel sollten auch Antibiotika enthalten.

Bei trockenen Formen der Mauke keine Puder oder austrocknende Sprays verwenden. Man nehme Zink- oder Lebertransalben, bei chronischen Formen der Hautentzündung kann man Präparate mit Teer, Schwefel oder Salizyl anwenden.

Bewährt haben sich bei schubweise immer wieder auftretenden Formen der Mauke Umstimmungsbehandlungen mit Eigenblut oder mit Eiweißpräparaten (s. S. 73).

Vorbeugung

Sorgfältige Fütterung und genügend Bewegung. Schwere Hunter soll man nie untätig im Stall oder der Box stehen lassen. Sauberkeit, Pferdebeine stets sauber und

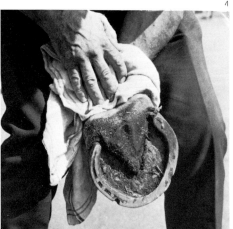

trocken halten! Scheren sollte man die Fessel nicht, nur bei der Behandlung von Mauke kann es manchmal notwendig sein. Im Herbst und im Winter, wenn die Gefahr von Mauke am größten ist, streicht man Vaseline oder Rizinusöl auf die Haut der Fesselbeuge (5). Auf Dauerweiden gehaltene Ponys sollten regelmäßig kontrolliert werden.

Schulterlahmheit

Es ist eine alte Erfahrung, daß die meisten »Schulterlahmheiten« sich letzten Endes als Strahlbeinlahmheiten erweisen. Aber es gibt auch echte Schulterlahmheiten (1), meist als Hangbeinlahmheit.

Ursache
Gewöhnlich Folgen einer Prellung mit Schwellung rund um das Gelenk. Es kommen auch Entzündungen des Schleimbeutels oder Beschädigungen der Nerven vor (s. »Radialislähmung« S. 150).

Krankheitserscheinung
Abgesehen von sichtbarer Schwellung und vermehrter Wärme erkennt man Schulterlahmheit an diesen Anzeichen:
1. Deutliches Kopfheben, wenn das Pferd das Bein zum Schritt oder Trab anhebt.
2. Schrittverkürzung nach vorn, wobei das erkrankte Bein fast gestreckt gehalten wird, wodurch es häufig zum Stolpern kommt.
3. Verminderte Beweglichkeit des Gelenks, dadurch wird das Bein nach

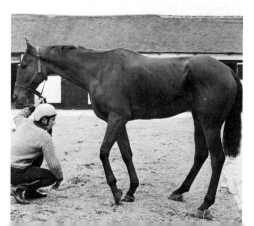

außen und vorne geführt, ohne normal abgebogen zu sein (2).

4. Bei Schäden an den Nerven Hängenlassen des Beins im Stand und bei längerem Bestehen der Lahmheit Schwund der Muskulatur.

Beim Rückwärtstreten schleift der Fuß am Boden, bergauf und auf weichem Boden ist die Lahmheit deutlicher erkennbar.

Behandlung

Kortisoninjektionen nehmen zu Anfang Schmerz und Schwellung, auch Kortison als Injektion ins Gelenk hilft oft schnell. Sonst kühlt man den schmerzhaften Bereich durch Lehmanstrich oder kühlende Salben. Wenn die akute Entzündung abgeklungen ist, nimmt man zerteilende Salben oder Einreibungen. Gut ist feuchte Wärme.

Absolute Ruhe ist zu Beginn erforderlich, dann können mit Physiotherapie und vor allem mit Schwimmen gute Erfolge erzielt werden.

Erkrankungen der Hufe

Der Pferdefuß (Anatomie)

Einige einfache Kenntnisse vom Bau und der Funktion des Pferdefußes sind eine große Hilfe für das Verständnis der nötigen Pflege und der Probleme, die entstehen können.

Der Kronsaum

Vom Kronsaum aus wächst, dem menschlichen Fingernagel entsprechend, der Hornschuh von oben nach unten (1).

Der Strahl

Der Strahl ist eine Art Kissen auf der Hufunterseite (2), der die beim Laufen empfangenen Stöße abfängt.

Das Strahlbein und das Hufbein

Das kleine, aber wichtige Strahlbein (s. S. 178) wirkt als Keil, der die Sehnen auf das Hufbein leitet und ihnen ungehinderte Bewegungsfreiheit zusichert (3).

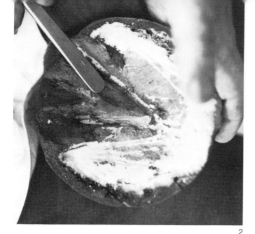

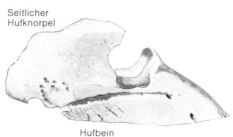

Das Hufbein entspricht dem letzten Fingerglied, es ist der Hauptknochen des Hufes (3) und hat in etwa auch dessen Form.

Seitlicher Hufknorpel

Die seitlichen Hufknorpel stehen wie Flügel auf beiden Seiten des Hufbeins (4).

Das Kronbein

Es bildet die Verbindung zwischen Fesselbein und Hufbein (5).

Hufsohle und Hufwand

Die Sohle und die Hufwand bilden den Hornschuh, darunter liegt als Verbindung zu den Knochen die empfindliche und stark durchblutete Lederhaut. Die Verbindung zwischen Hornschuh und Lederhaut ist die schmerzunempfindliche weiße Linie. Hier werden beim Beschlag die Nägel eingeschlagen.

Um eine zu starke Abnutzung der Hornsohle zu vermeiden, werden die Hufe beschlagen. Die Bedeutung des korrekten, alle vier bis acht Wochen nötigen Beschlags kann gar nicht hoch genug eingeschätzt werden. Ein guter Hufschmied wird schon in der Jugend des Pferdes Stellungsfehler durch geeignete Maßnahmen korrigieren. Außer entsprechendem Beschneiden des Horns werden Korrekturbeschlag und, z. B. beim Fohlenbockhuf, selbsthärtende Kunststoffe (Technovit) angewendet. Im Stall gehaltene Fohlen bedürfen der regelmäßigen Reinigung der Hufe. Anschließend bestreicht man Sohle und Strahl mit flüssigem Holzteer. Unbeschlagene Pferde, auch solche auf der Weide, sollten mindestens alle sechs Wochen kontrolliert werden. Die Hufe werden dabei notfalls nachgeschnitten und die Tragrandkanten gegen das Ausbrechen des Wandhorns abgerundet.

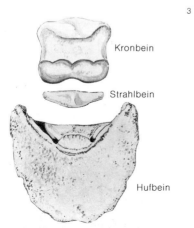

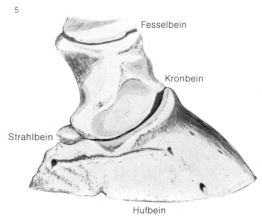

Quetschung der Hufsohle

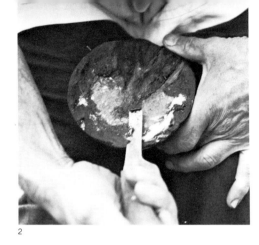

Die Sohle selbst ist gefühllos, aber sie ist druckempfindlich, bei einigen Rassen mehr als bei anderen. Zum Beispiel hat der Araber eine sehr harte Sohle, während der Vollblüter viel empfindlicher im Huf ist.

Ursache
Vernachlässigung der Hufpflege, die zu flacher oder sogar nach unten gewölbter Sohle führt. Traben oder Galoppieren auf steinigen Wegen oder Springen auf zu hartem Boden.

Behandlung
Die Eisen müssen entfernt (1) und die gequetschte Sohlenpartie freigeschnitten werden (2), damit kein Druck auf ihr lastet. Dann macht man heiße Umschläge mit Leinsamen oder Kartoffeln und läßt das Pferd eine Woche stehen. Wenn man dann das Pferd schnell wieder zur Arbeit verwenden will, behandelt man die Sohle mit Hufteer und legt Lederplatten zwischen Huf und Eisen. Es gibt auch Plastikplatten, die haltbarer sind. Sehr geeignet sind »Balata«-Riemen. Aus diesem Material sind die breiten Riemen, die früher als Treibriemen verwendet wurden. Zugeschnitten eignen sie sich vorzüglich als Schutzsohlen.

Vorbeugung
Gesunder Menschenverstand, regelmäßiges Beschlagen und der routinemäßige Gebrauch des Hufkratzers (3). Steinige Wege dürfen nicht in schnellem Tempo geritten oder gefahren werden.

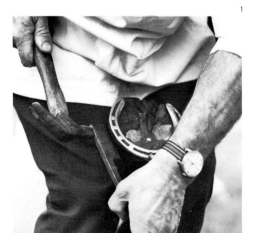

2

Steingallen

Steingallen sind einfach Quetschungen der Sohlenlederhaut im scharfen Winkel zwischen den Wänden und dem Strahl (1).

Ursache
Wird oft entweder mit schlechtem Beschlag oder zu lange nicht gewechselten Eisen in Zusammenhang gebracht.

Krankheitserscheinung
Lahmheit. Viele sog. »wiederholte und mysteriöse Lahmheiten« konnten bei sorgfältiger Untersuchung der Füße einfach auf Steingallen zurückgeführt werden.

Behandlung
Die Behandlung ist eine Aufgabe für den Tierarzt oder den Hufschmied. Die Eisen müssen entfernt werden, und die verletzte Stelle muß vollständig herausgeschnitten werden.
Nachher kann das Eisen wieder aufgebracht werden, aber diesmal mit einem verbreiterten Steg beim entsprechenden Sohlenschenkel, um die Steingallenstelle zu schützen, ohne Druck auszuüben. Geschlossene Eisen mit gepolsterter Unterlage oder Norberg-Polster sind ebenfalls geeignet. Vorsicht bei sehr kurzen Eisen! Steingallen und auch andere Druckstellen sind oft die Folgen zu kurzer Hufeisen.
Besondere Sorgfalt muß auf den Beschlag von Pferden verwendet werden, bei denen die Sohle sich als Folge chronischer Hufrehe oder wiederholter Anfälle von akuter Rehe nach unten wölbt. Hierdurch entstehen überaus schmerzhafte Quetschungen der Hufsohle (2). Für den Reh- oder Knollhuf ist die unregelmäßige Ringbildung charakteristisch.
Solche Fälle müssen einmal monatlich mit breitschenkeligen Spezialeisen (3) beschlagen werden. Neben den geschlossenen Eisen mit Polsterung gibt es noch verschiedene Formen der Reheisen. Das Prinzip ist jedoch immer ein Schutz der Sohle, um der Gefahr eines Durchbruchs des Hufbeins zu begegnen (s. auch »Hufrehe« S. 181).

1

3

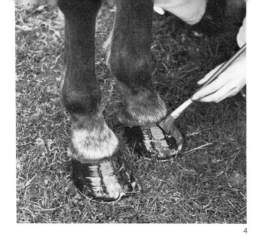

4

Allgemeine Hufpflege

Die Hufe sollten täglich untersucht werden, um zu prüfen, ob die Eisen noch fest sitzen. Man verbindet das mit der Reinigung der Hufe nach der Arbeit des Pferdes. Dabei werden die Strahlfurche ausgekratzt und der Huf mit Wasser und Bürste gewaschen. Danach trocknet man vor allem die Fesselbeuge sorgfältig ab.

Das tägliche Bestreichen mit Huffett (4) dient nicht nur dem Aussehen, sondern hält die Wand geschmeidig und hilft Spalten (s. »Tragrandspalten« und »Kronrandspalten« S. 176) zu verhüten.

Hufsalben sollten keine schwarze Farbe enthalten, auch Schuhcreme ist schädlich, das Horn wird darunter brüchig. Wenn das Horn sehr trocken wird, kann man Bäder oder Packungen mit Leinsamen machen oder das Pferd in einen Lehmbrei stellen. Auch Sauerkraut soll als Umschlag gegen brüchiges Horn helfen.

Wichtig ist trockene Einstreu, am besten ist Stroh oder Torf.

Nageltritt und Hufabszeß

Unser Professor an der Universität schärfte uns immer wieder ein: »Es kommt nicht darauf an, wo ihr bei einem Pferd eine Lahmheit vermutet, kontrolliert immer zuerst den Huf.« Das hat sich wahrscheinlich bei mir als der beste Rat erwiesen, den ich je erhalten habe. In meiner Pferdepraxis hat mir die Befolgung dieser Grundregel schon oft geholfen.

Es ist ganz natürlich, daß ein Pferd oder Pony häufig Gelegenheit hat, sich einen Nagel einzutreten oder auf ein scharfes Stück Metall, Stein, Glas oder Holz zu treten. Wenn einer dieser Fremdkörper die Sohle bis zu dem darunterliegenden empfindlichen Gewebe durchdringt, sind eine Entzündung, Eiterung und dadurch entstehende Lahmheit unvermeidlich.

Sehr häufig findet man eingetretene Nägel an der Spitze oder in der Nähe der Spitze des Strahls. Der Grund hierfür ist ganz einfach: Der Nagel wird von der Zehe aufgerichtet, gleitet an der Sohle entlang und stößt dann gegen den Strahl, um dort einzudringen.

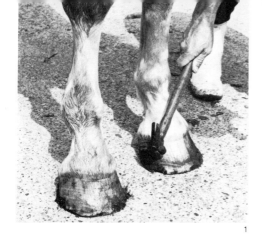

1

Krankheitserscheinung

Wird die Huflederhaut stark beschädigt, tritt sofort eine deutliche Lahmheit ein.
In den meisten Fällen aber erscheint die Lahmheit erst in einigen Tagen. Der Grund dafür ist, daß es gewöhnlich vier, fünf oder sechs Tage dauert, bis die Infektionsstoffe, die vom Nagel hereingebracht wurden, ein Eitern mit Abszeßbildung hervorrufen. Dies bewirkt einen akuten Druck auf die sensiblen Stellen, was wiederum zur Lahmheit führt, die sehr oft ganz heftig sein kann, das Pferd zum Schwitzen bringt und es zum ständigen Scharren veranlaßt.
In den Anfangsstadien ist das erste Symptom aber meist nur eine deutliche Lahmheit.
Wird die Wand des befallenen Hufes mit einem Hammer beklopft (1), wird das Pferd den Huf ruckartig aufheben und oft auf und ab bewegen sowie zittern, wodurch deutliche Schmerzen bekundet werden. Das gleiche geschieht, wenn die Sohle beklopft oder mit einer Hufzange geklemmt wird (2). In der Tat kann der Tierarzt, wenn er den Abszeß sucht, oft die infizierte Stelle durch Beklopfen mit dem Hammer oder Drücken mit der Zange lokalisieren.

Behandlung

Jede Entzündung am Huf muß möglichst bald tierärztlich behandelt werden. Man kann in so einem Fall nicht nur den Schmerz mit der Hufzange lokalisieren, sondern man fühlt seitlich an der Röhre den Pulsschlag. Mit den Fingerspitzen tastet man zwischen den Beugesehnen und dem Röhrbein nach der Ader. Fühlt man dort das Pochen, liegt eine Entzündung im Hufbereich vor. Da das Hufeisen entfernt werden muß, sollte man sich mit dem Tierarzt vorher besprechen, ob der Hufschmied zu bestellen ist. Am wichtigsten ist die ausreichende Eröffnung der infizierten Stelle (3), damit Sekret oder Eiter abfließen kann. Der Spruch: »Je größer das Loch, desto schneller die Heilung« bestätigt sich immer wieder.

2

3

Wird ein Abszeß nicht prompt geöffnet, wird der Eiter den Weg des geringsten Widerstandes wählen, und die Infektion wird sich entweder zwischen der empfindlichen Sohlenlederhaut und der Sohle oder zwischen der Wandlederhaut und der Wand ausbreiten. Geschieht letzteres, kann der Abszeß oben am Huf aufbrechen und verlängerte Lahmheit sowie die Möglichkeit einer Knocheninfektion verursachen. Ein rasches und zuverlässiges Öffnen ist deshalb von höchster Wichtigkeit. Nachdem der Eiter ausgeflossen ist, soll das Loch mit einer Spritze mit einem Antibiotikum oder Antiseptikum ausgespült werden (4).

Nachher soll der Fuß zweimal täglich in heißem Wasser, das ein Desinfektionsmittel enthält, gebadet (5) und mit einem sauberen Sack eingebunden werden, damit die Abflußstelle nicht durch Schmutz blockiert wird.

Nützlich sind auch heiße Packungen (6). Am besten eignet sich gekochter Leinsamen als steifer Brei. Man kann auch heiße Kartoffeln oder Kleie nehmen; bei Kleie muß man ein mildes Desinfektionsmittel zufügen und darauf achten, daß keine Kleie in der Öffnung zurückbleibt (7). Nach fünf bis sechs Tagen kann man in das Loch Antibiotika einbringen und mit Watte oder Werg zustopfen. Darüber kommen ein Anstrich mit Holzteer und ein gepolstertes Deckeleisen, ein Splintverband oder eine Leder- oder Plastikplatte (8).

Selbstverständlich darf man nie ein Loch in der Sohle oder sonst eine Wunde verschließen, solange noch eine Entzündung vorliegt. Wenn keine Lahmheit mehr besteht, kann die Schutzeinlage über der Sohle nach etwa einer Woche entfernt werden.

Bei frischem Nageltritt oder einer anderen Stichverletzung zieht man den Nagel heraus und umschneidet den Stichkanal mit dem Hufmesser. In das Loch tropft man Jod oder gibt am besten einige Jodkristalle und ein paar Tropfen Terpentinöl hinein.

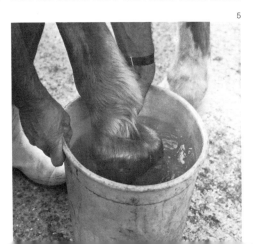
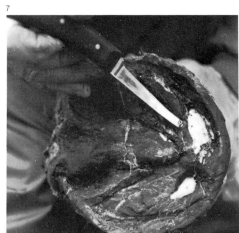

Vernagelung

Auch bei einem guten Hufschmied kommt es wegen Unruhe des Pferdes oder brüchigem Horn manchmal zur Vernagelung. Dabei trifft der Nagel nicht in die weiße Linie, sondern ins »Leben«, die mit Nerven und Blutgefäßen versehene Lederhaut. Entweder zuckt das Pferd, und der Nagel kann entfernt werden, oder der Druckschmerz macht sich erst nach Tagen durch Lahmheit bemerkbar. Durch die Entzündung kommt es zu Blutandrang im Huf, und man kann das Pulsieren am Fesselkopf oder neben der Röhre fühlen. Mit der Hufzange stellt man die schmerzende Stelle fest, und dort wird der Nagel herausgezogen. Ein Fußbad in warmer, dreiprozentiger Kreolinlösung oder ein Umschlag mit heißem Leinsamen ist in diesem Fall günstig.
Wundstarrkrampf-Vorsorge nicht vergessen (9). Der Hufschmied haftet nur, wenn ihm ein Verschulden nachgewiesen werden kann.

Kronen- und Ballentritt

Diese Verletzungen an der Krone oder am Ballen bringen sich die Pferde meist selbst mit den Hufeisen bei (s. »Greifen« S. 48). Da diese Wunden immer verunreinigt sind, wäscht man sie mit einem milden Desinfektionsmittel aus (z. B. Rivanol oder drei Prozent Kreolin) und pudert sie anschließend mit einem antibiotischen Wundpuder ein. Tiefere Wunden, vor allem an der Krone, sollten vom Tierarzt behandelt werden, da es hierbei leicht zu langwierigen Lahmheiten kommen kann.

Wie bei allen Verletzungen beim Pferd, besonders jedoch solchen, die mit Erde verschmutzt sind, streng auf einen belastungsfähigen Impfschutz gegen Wundstarrkrampf achten. Vorbeugend für korrekten Beschlag sorgen und notfalls Spezialeisen gegen Greifen anbringen lassen.

Tragrandspalten

Tragrandspalten (1) entstehen, wenn das Pferd oder Pony ohne Eisen auf die Weide gebracht wird. Sie werden dadurch charakterisiert, daß sie unten am Huf beginnen und sich nach oben ausdehnen oder spalten, während Kronrandspalten oben am Huf beginnen und sich nach unten ausbreiten.

Behandlung

Wenn die Spalten sehr schlimm sind, soll der Hufschmied die Hufe behandeln. Er raspelt den Huf ab und beschlägt ihn mit zwei seitlichen Zehenkappen. Notfalls können auch Querrinnen eingeschnitten werden.
Dies ist meist alles, was nötig ist, da bei gewöhnlichen Tragrandspalten die Hufe nach unten wachsen und der Spalt schließlich verschwindet.

(Anm. d. Übers.: Tägliches Einfetten der Hufe bei Stallhaltung und deren regelmäßige Kontrolle bei Weidepferden nicht vergessen.)

Kronrandspalten

Diese sind viel ernster als Tragrandspalten und verlangen tierärztliche Behandlung. Kronrandspalten (1) werden dadurch charakterisiert, daß sie von oben nach unten am Huf wachsen oder sich ausbreiten.

Ursache

Kronrandspalten werden gewöhnlich durch eine Verletzung der Krone hervorgerufen, des Kronrandes zuoberst am Huf, von dem alles Hornwachstum ausgeht.

Behandlung

Der Hornspalt muß geschlossen werden, damit das nachwachsende Horn keine Spalte mehr bildet. Nach entsprechender Hufkorrektur und nach einem Beschlag mit geschlossenen Eisen und Norberg-Kissen verwendet man Klammern oder Nieten zum Fixieren.
Man kann auch eine spezielle Kunststofffolie aufkleben, wenn der Hufspalt nicht infiziert ist.

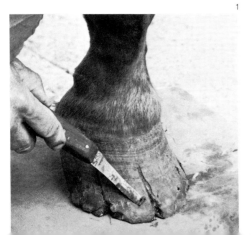
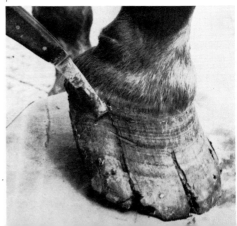

Strahlfäule

Bei Strahlfäule zerfällt das feste Gewebe des Hornstrahls zu einer schmierig-bröckligen Masse (1) mit einem charakteristischen unangenehmen Geruch.

Ursache
Mangelnde Sauberkeit, d. h. schlecht eingestreute Tiefställe, bei denen die Pferde ständig im Mist stehen. Dazu kommt vernachlässigte Hufpflege, wodurch der Strahl nicht frei und trocken liegt. Schädlich wirkt sich auch zu starkes Beschneiden des Strahlhorns aus, da der Strahl dann seine Funktion nicht mehr erfüllen kann und schlecht durchblutet wird. Inwieweit Nekrosebakterien, die sich in dem zerklüfteten Horn ansiedeln und den typischen Geruch verursachen, Strahlfäule hervorrufen, ist ungeklärt.

Krankheitserscheinung
In den Spalten des zerfallenden Horns bildet sich ein stinkender, schwarzgrauer Belag (2). In fortgeschrittenen Fällen geht das Pferd lahm.

Behandlung
Zuerst wird mit einem scharfen Hufmesser alles veränderte Gewebe abgetragen. Nach gründlicher Reinigung bringt man austrocknende Medikamente auf, am besten in Form von Sprays, die neben einem Farbzusatz Antibiotika enthalten, z. B. Chloramphenicol-Gentianaviolett. Dies wiederholt man täglich, bis der Strahl sauber ist.
Zur Nachbehandlung oder wenn das Pferd ständig auf der Weide ist, streicht man Hufteer auf den Strahl.

Vorbeugung
Reinigung der Strahlfurche nach jedem Ritt, regelmäßiges Beschlagen und Beschneiden, wobei jedoch keinesfalls gesundes Strahlgewebe beschnitten werden soll.

Hufkrebs

Vor allem bei Kaltblütern, die ständig in nasser Streu stehen müssen, kommt es dabei zu wuchernden, schwammigen Veränderungen am Strahl, die anfangs der Strahlfäule (s. S. 177) sehr ähnlich sind. Dann breiten sich die Krankheitsherde jedoch auf die ganze Hufsohle einschließlich der Eckstreben aus. Befallen sind meistens die Hinterhufe.

Die Behandlung ist im Prinzip sehr ähnlich wie bei Strahlfäule, nur muß das erkrankte Hufgewebe fast immer am liegenden, betäubten Pferd weggeschnitten werden. Anschließend wird ein Druckverband angelegt oder ein Deckeleisen aufgebracht. Bei entsprechend häufiger Behandlung kommt man oft auch ohne radikales Ausschneiden aus. Dann werden die Hufe im Abstand von höchstens fünf bis sechs Tagen mit pulverisiertem Kupfersulfat oder einer Mischung von Formalin, Spiritus, Kupfersulfat und Alaun, je 10 g in 100 g Wasser, behandelt, indem man einen Tupfer mit dem Ätzmittel durch ein Deckeleisen fixiert.

Erkrankung der Hufrolle

Hufrollenentzündung oder *Strahlbeinlahmheit* kann in jedem Alter auftreten; hauptsächlich befällt es jedoch ältere Tiere und solche, die viel springen oder auf hartem Boden gehen mußten (1). Tritt sie bei jüngeren Pferden auf, kann es sich um eine erbliche Veranlagung handeln. Meistens ist es jedoch die Folge zu frühzeitiger Beanspruchung.

Nach meiner Erfahrung beruhen die meisten hartnäckigen Lahmheiten der Vorhand, deren Ursache man sich nicht erklären kann, auf Veränderungen im Gebiet der Hufrolle.

Wie wirkt sich das Übel aus?

Bei Strahlbeinlahmheit oder chronischer Hufrollenentzündung entstehen krankhafte Veränderungen am Strahlbein. Dieser kleine, keilförmige Knochen ist ein Teil des Hufgelenks, und so bleiben die entzündlichen und degenerativen Prozesse nicht auf das Strahlbein beschränkt, sondern greifen meist auf den Schleimbeutel und die Aufhängebänder sowie die An-

1

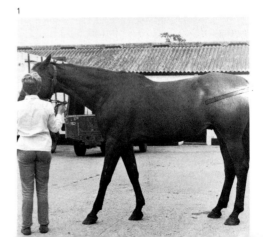

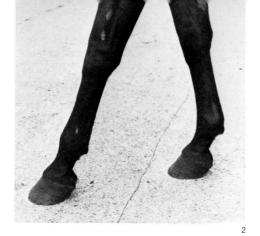

satzstelle der tiefen Beugesehne über. Es entstehen also Knochenveränderungen und Schäden an der Beugesehne. Diese rufen eine meist schleichend einsetzende, aber anhaltende Lahmheit hervor.

Welche Füße werden davon befallen?

Sie ist in den Vorderbeinen weit häufiger (2); hinten ist sie eigentlich selten. Im allgemeinen werden beide Vorderbeine gleichzeitig befallen. Das heißt, daß in den Anfangsstadien die Lahmheit vielleicht nicht entdeckt wird, nur weil sie in beiden Vorderbeinen gleichmäßig ist.

Krankheitserscheinung

Wie bereits erwähnt, soll jede unergründliche Lahmheit in der Vorhand als Strahlbeinlahmheit verdächtigt werden.
Der typische Gang eines an Strahlbeinlahmheit erkrankten Pferdes ist fast diagnostisch. Das Pferd beginnt zu »bummeln«, d. h., es streckt seine Vorderbeine nicht auf normale Weise aus, sondern geht mit kurzen Schritten, wobei es zuerst den Zehenteil des Hufes auf den Boden setzt, um den Fuß möglichst nicht hinten zu belasten (3).
Eine Untersuchung der Eisen zeigt, daß die Zehen viel stärker abgenützt sind als der hintere Teil (4).
Auch die Tendenz zum Stolpern besteht, aber sowohl dies als auch das Bummeln zeigen sich deutlicher, wenn das Pferd entweder gerade aus dem Stall gebracht wird oder wenn es abwärts trabt, wobei sich das Gewicht auf die Vorhand legt (5). Bei fortschreitender Krankheit wird der Huf enger, technisch als trachteneng bezeichnet. Die Wände werden steiler, die Trachten gerade und tief, eher wie der Huf eines Maultieres oder Esels. Die Sohle wird abnorm stark konkav (6, S. 180).

Diagnose

Sie ist nicht leicht zu stellen, der Laie kann jedoch durch die Brett- oder Keilprobe zur rechtzeitigen Erkennung beitragen. Dabei wird die Zehe angehoben, so

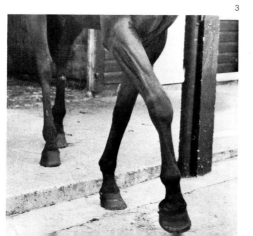

daß der Ballen tiefer steht. Wenn das Pferd in der Schräge auf dem erkrankten Fuß zwei Minuten stehen muß, zeigt sich anschließend die Lahmheit deutlicher. Um die manchmal angenommene Schulterlahmheit auszuschließen, wird der Tierarzt durch eine Injektion die Nerven zum Huf blockieren (7). Eine sichere Diagnose läßt sich durch die Röntgenuntersuchung stellen (8). Diese kann die Erkrankung durch den Nachweis charakteristischer Knochenveränderungen (9) frühzeitig aufdecken.

Behandlung

Es gibt keine Maßnahmen, die die Krankheit heilen können. Durch eine Korrektur des Beschlags wie Kürzen des Zehenteils und Erhöhen der Schenkelenden kann manchmal eine Besserung der Lahmheit erreicht werden. Man kann auch den Schmerz durch ein Schmerzmittel wie Butazolidin (in einer Reihe von Präparaten enthalten) ausschalten. Das Medikament muß allerdings ein- bis zweimal täglich im Futter gegeben werden. Das Pferd ist dann oft über einen längeren Zeitraum noch arbeitsfähig. (Anm. d. Übers.: Über die Langzeitwirkung solcher Medikamente beim Pferd ist noch wenig bekannt.)

Die Neurektomie, also die Durchtrennung der Nerven, die das Strahlbein versorgen, bringt die Lahmheit sofort zum Verschwinden. Diese auch Nervenschnitt (10) genannte Operation ist nicht schwierig und kann das Pferd noch für viele Jahre arbeitsfähig erhalten. Allerdings bleibt der Gang manchmal unsicher, weil das Pferd kein Gefühl mehr im Huf hat. Wichtig ist deshalb danach die tägliche Hufkontrolle. Sonst kann durch Nageltritt oder Vernageln beim Beschlag eine Eiterung entstehen, die unbeachtet bleibt, bis Sohle und Wand unterminiert sind (11). Durch derartige Unachtsamkeiten entstehen die Greuelmärchen, daß nach einem Nervenschnitt die Hufe wegfaulen!

Der Nervenschnitt ist keine heilende Maßnahme, aber er befreit das Pferd von

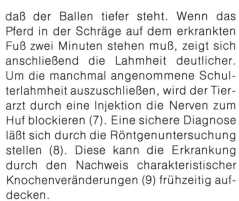
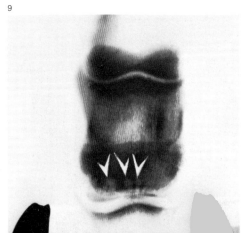

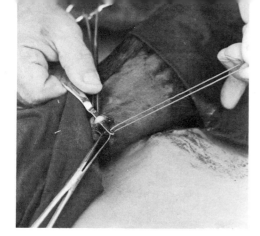

Hufrehe

Hufrehe, auch Hufverschlag genannt, ist eine Entzündung der Huflederhaut, die meist die Vorderfüße (1) befällt.
Das Hufbein, also der endständige Fußknochen, steht wie in einem Schuh im Hufhorn. Die Verbindung zwischen beiden bildet die Huflederhaut (2, S. 182), die sich in dünnen Plättchen mit dem Hufhorn verzahnt. Eine Entzündung in diesem Bereich nennt man Hufrehe. Da für die damit verbundene Schwellung zwischen Hufwand und Sohle kein Platz bleibt, ist Hufrehe äußerst schmerzhaft.

Ursachen
1. Überfütterung mit Getreide, besonders gefährlich ist Roggen oder nicht abgelagertes Getreide.
2. Zu fette, d. h. zu kleereiche Weide (3, S. 182). Gefährdet sind vor allem Ponys.
3. Zurückbleiben der Nachgeburt.
4. Zu langes Stehen bei Transporten oder Überanstrengung auf harten Straßen.
5. Darmentzündungen sowie Allergien gegen Futtermittel.

Schmerzen, so daß es durchschnittlich noch zwei bis drei Jahre voll verwendungsfähig bleibt. Selbstverständlich muß ein solches Pferd im Gelände vorsichtig geritten und mit einer Ledereinlage beschlagen werden.
Zur Zeit sind Untersuchungen im Gange, die vielleicht eine Behandlungsmöglichkeit bei Erkrankungen der Hufrolle ermöglichen werden. Dabei soll durch Verabreichung von Cumarinpräparaten die Bildung von Blutgerinnseln in den Gefäßen verhindert werden, die das Strahlbein versorgen. Die Bildung von Lakunen (Gefäßausbuchtungen) im Strahlbein würde dann nicht mehr erfolgen und somit keine Knorpelveränderungen mehr stattfinden.

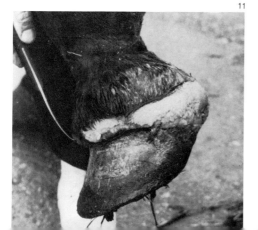

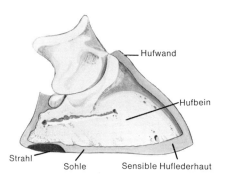

Krankheitserscheinung

Bei einem akuten Anfall steigen Puls und Atemzahl erheblich an, die Temperatur dagegen ist meist nur leicht erhöht. Das Pferd will sich nicht bewegen; wird es dazu gezwungen, schiebt es die Hinterbeine unter den Leib bei vorgestrecktem Kopf und gewölbter Nierenpartie (4). Es versucht auf diese Weise, die Vorderbeine zu entlasten. Der Huf ist klopfempfindlich und bis zur Krone vermehrt warm. Der Pulsschlag in den Zehenarterien ist als Klopfen in der Rinne zwischen Röhrknochen und Beugesehne deutlich spürbar. Das Pferd liegt oft lange Zeit flach auf der Seite (5) und steht nur mit Mühe auf. Bleibt die Entzündung längere Zeit bestehen, löst sich die Lederhaut vom Horn ab, und das Hufbein sinkt nach unten (6). Die Sohle wird flach oder wölbt sich sogar nach unten (7) und berührt den Boden. Das Hufhorn verläuft von der Krone bis zur Sohlenfläche nicht mehr in einer geraden Linie, sondern wölbt sich nach innen. Dadurch entstehen Rillen im Huf (8) und letzten Endes der Knollenhuf, die beide schon auf einen Blick die chronisch gewordene Hufrehe anzeigen.

Behandlung

Sofort den Tierarzt holen – es geht um Stunden –, damit bleibende Schäden vermieden werden. Antihistamin- oder Kortisoninjektionen sind vor allem zu Beginn wirksam, Kortison kann direkt in die Zehenarterie eingespritzt werden. Der früher übliche Aderlaß kommt wieder zu Ehren, seit man weiß, daß der Blutdruck bei Hufrehe ansteigt.
Falls Fütterungsfehler die Ursache der Rehe sind, gibt man ein leichtes Abführmittel und füttert einige Tage nur abgelagertes Heu. Hafer oder jedes andere Körnerfutter wird in jedem Fall zunächst weggelassen.
Die Behandlung der Hufe beginnt mit dem Abnehmen der vorderen Eisen. Meist raspelt man die Vorderwände des Hufs etwas ab. Es gibt auch die Möglichkeit, ein Deckeleisen anzubringen und die Soh-

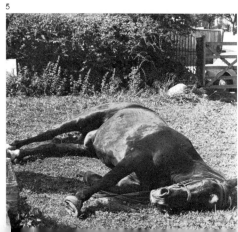

Vom Horn gelöste Lederhaut, das Hufbein sinkt nach unten

lenwölbung darunter mit Gips auszugießen oder eine Holzsohle mit Technovit anzubringen. Dadurch soll das Einsinken oder »Einbrechen« der Sohle verhindert werden.
Üblicherweise werden die Hufe gekühlt. Man kann sie mit kaltem Wasser abspritzen (9) oder feuchte Lehmpackungen machen, die laufend mit kaltem Wasser angegossen werden. Mehrmals täglich kann man auch das Pferd jeweils eine halbe Stunde in einen Bach stellen.
Selbstverständlich wird der Patient in eine Box mit weicher Einstreu gebracht, geeignet sind Torfmull oder Sägespäne. Gefüttert wird nur sehr knapp mit gutem, abgelagertem Heu. Wasser muß ständig zur Verfügung stehen. Wenn möglich, führt man das Pferd dreimal täglich. Geht es besser, kann es für höchstens täglich eine Stunde auf eine abgegraste Weide kommen.
Sind Schäden am Huf entstanden, bekommt das Pferd ein orthopädisches Eisen unter tierärztlicher Beratung angepaßt. Derartige Hufeisen, breite Pantoffeleisen oder geschlossene Eisen mit Norberg-Kissen, müssen alle vier Wochen erneuert werden.

Vorbeugung

Vermeidung von Überfütterung, Heu oder Hafer nach der Ernte mindestens acht Wochen lagern, Dämpfen oder Einweichen von Gerste oder Kleie und möglichst nie Roggen geben. Eiweißreiche Kleeweiden nur portioniert beschicken, Ponys niemals auf fetten Weiden unbeschränkt grasen lassen. Nachgeburtsverhaltungen sofort behandeln.
Für ein kühlendes Fußbad nach anstrengenden Ritten auf hartem Boden sorgen. Besondere Sorgfalt bei langen Transporten oder einseitigen Lahmheiten, wenn nur ein Fuß belastet wird.

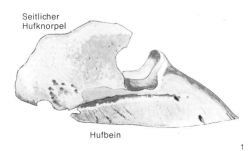

Seitlicher Hufknorpel

Hufbein

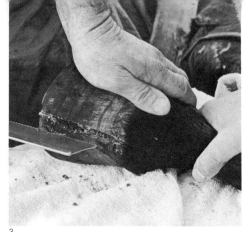

Hufknorpelverknöcherung

Rechts und links vom Hufbein, dem untersten Knochen im Fuß, befindet sich je ein flügelähnlicher Knorpel, der seitliche Hufknorpel (1).
Bei schweren Pferderassen und manchmal auch bei Springpferden kommt es häufig zu einer Verknöcherung des Knorpelgewebes im Hufknorpel. Leichte Rassen und vor allem Ponys zeigen diese Erscheinung nur selten.

Ursache

Im Gegensatz zu einer häufig geäußerten Auffassung ist Hufknorpelverknöcherung zwar nicht erblich, wohl aber die Anlage dazu.
Pferde mit Stellungsfehlern und unkorrekten Hufen, z. B. Vollhuf oder Zwanghuf, sind in bezug auf Hufknorpelverknöcherung gefährdet. Auslösendes Moment sind Erschütterungen durch harten oder unebenen Boden, verstärkt durch ungeeigneten Hufbeschlag. Bei leichten Rassen und Ponys spielen Verletzungen eine Rolle.

Krankheitserscheinung

Lahmheit tritt bei schweren Arbeitspferden erst im fortgeschrittenen Stadium auf. Bei Sportpferden zeigt sich schon frühzeitig eine Stützbeinlahmheit, wenn nur ein Vorderfuß betroffen ist. Sind beide Beine erkrankt, geht das Pferd steif.
Man kann die Verknöcherung fühlen, wenn man versucht, den Knorpel mit dem Finger nach innen zu drücken oder zu biegen (2).

Beurteilung

Auch wenn eine Hufknorpelverknöcherung noch keine Lahmheit verursacht, ist sie als ein erheblicher Mangel vor allem beim Reitpferd anzusehen. Man sollte bei einem als fehlerfrei angebotenen Pferd sorgfältig auf diese Stelle achten.

Behandlung

Ein verhältnismäßig einfacher Eingriff, der bei Lahmheit versucht werden kann, ist das Einsägen der Hufwand, um sie zu dehnen oder zu »spleißen«. Durch einen

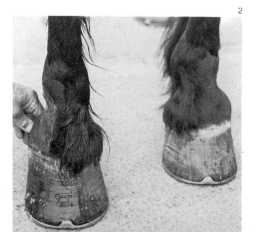

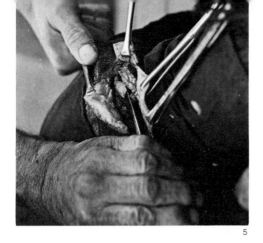

solchen Erweiterungsschnitt wird der Druck gemindert, den die Verknöcherung auf das umliegende Gewebe auslöst (3). Die Folgen einer Hufknorpelverknöcherung können auf die Dauer jedoch nur durch das Herausschälen beseitigt werden. Das Pferd wird niedergelegt und betäubt (4), die Operationsstelle geschoren, rasiert und desinfiziert. Dann werden die Haut der Krone und das Horn der Seitenwand durchtrennt, Haut und Lederhaut hochgeklappt und der darunterliegende Hufknorpel herausgelöst (5). Nach Versorgung der Operationsstelle mit Antibiotika und/oder Sulfonamiden wird ein Verband angelegt (6), der 10–14 Tage draufbleibt. Die Heilung erfolgt meist ohne Komplikationen.

Hufknorpelfistel

Meist handelt es sich dabei um die Folgen von Verletzungen oder Prellungen. Dabei kann gelegentlich ein Teil des Hufknorpels absterben. Die nekrotischen (abgestorbenen) Gewebsteile fangen dann an zu eitern, und der Eiter drückt gegen den Hufsaum. Die Krone schwillt an, bis der Eiter durchbricht und sich aus einer oder mehreren Fistelöffnungen entleert (1). Das Pferd geht dabei lahm.

Behandlung

Es kommt nur der chirurgische Eingriff in Frage, der vom Tierarzt möglichst frühzeitig durchgeführt werden muß, damit die in der Nähe liegenden Sehnen und Knochen nicht angegriffen werden. Bei der Operation, für die es verschiedene Möglichkeiten gibt, muß der abgestorbene Teil des Hufknorpels entfernt werden. Die Wunde wird anschließend mit Antibiotika oder Sulfonamiden gefüllt und ein fester Verband angelegt.
Die Heilungsaussichten sind bei rechtzeitiger Operation gut.

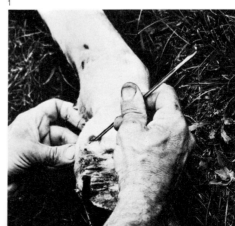

Hohle Wand

Hohle Wand ist eine Trennung der Hufwand von der durchbluteten Lederhaut, kurz »Leben« genannt (1). Lose Wand nennt man eine Trennung der Hornwand von der Hornsohle.

Ursache

Hohle Wand kann durch einen kleinen Spalt oder eine Verletzung zwischen Sohle und Wand entstehen. Mit der Zeit schieben sich Steinchen und Schmutz in das Loch, und es entsteht eine Zusammenhangstrennung, die hohle oder lose Wand.
Die eigentliche Ursache ist eine Vernachlässigung der Hufpflege, wie sie häufig vorkommt. Durch das Gewicht des Pferdes wird die Hornwand zur Seite gedrückt, und es entstehen Hohlräume. Bröckeliges Hufhorn, nicht sachgerecht aufgepaßte Eisen und Arbeit auf steinigem, trockenem Boden fördern derartige Krankheitszustände an den Hufen. In fortgeschrittenen Fällen können sich Hufabszesse bilden (s. S. 172).

Krankheitserscheinung

Das erste Anzeichen ist gewöhnlich Lahmheit. Wenn der Huf untersucht wird, zeigt sich der mit Schmutz gefüllte tote Raum zwischen Sohle und Wand oder die Vorwölbung eines Wandabschnitts.

Behandlung

Sorgfältige Entfernung von Schmutz und Steinchen und Nachschneiden durch den Hufschmied. Das Loch füllt man mit Werg mit einem Teeranstrich darüber oder stopft Watte hinein, die mit einem öligen Antibiotikum getränkt wurde (2). Beschlagen wird mit einem breitschenkeligen Eisen, das die verstopften Stellen zudecken soll.
Einige Tierärzte empfehlen, den Kronsaum mit einer scharfen Salbe einzureiben, um das Wachstum von neuem Horn anzuregen. Es gibt auch Salben mit Vitamin A, die man in den Saum der Hufkrone einmassiert, um das Hornwachstum zu fördern. Regelmäßige Hufpflege erübrigt jedoch derartige Maßnahmen.

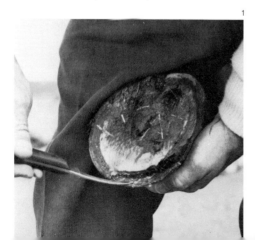

Anhang

Doping

Unter Doping versteht man die Verabfolgung von Mitteln, um die Leistungsfähigkeit zu beeinflussen. Echte Leistungssteigerung ist jedoch nicht möglich, alle aufputschenden Medikamente setzen nur die Schranke herab, mit der sich der Organismus gegen eine gesundheitsgefährdende Verausgabung seiner Reserven schützt. Tierschützerischer Verpflichtung entspringt auch das Verbot schmerzstillender Maßnahmen, z. B. Novocain-Injektionen, die den Einsatz lahmer Pferde ermöglichen. Die Dopinglisten enthalten eine Unzahl von Medikamenten, die man eingeben, einspritzen oder in die Nüstern blasen kann. Auch Futterzusätze mit Antibiotika oder anabole Hormone zur Vergrößerung der Muskelfasern gelten als Doping. Selbst durch Einreibungen oder Sprays können verbotene Substanzen in das Blut übertreten und bei Kontrollen von Blut oder Harn nachgewiesen werden. Sicherheitshalber sollte kein Pferd, das Medikamente erhält, an einem Wettkampf teilnehmen.

Für Pferde giftige Substanzen oder Giftpflanzen

Pflanze oder Substanz	Hauptvorkommen
Blei	Farbanstrich oder mit Farbe imprägnierte Dachpappe Industrieabgase, d. h. immissionsgefährdete Weiden
Kreosot, Phenol	Frisch gestrichenes Holz oder Anwendung von Kreosot zur Behandlung von Hautpilzen und Läusen
Buxbaum	Hecken
Eibe	Parkbaum, auch als Hecke
Robinie (falsche Akazie)	Hecken
Lebensbaum (Thuja)	Hecken
Kreuzkraut/Jakobskraut	Böschungen, Wegränder, auch im Heu giftig
Fingerhut, roter	Heu von Waldrändern
Nachtschattengewächse	Waldränder
Farnkraut Sumpfschachtelhalm	Waldränder sumpfige Lichtungen
Hahnenfuß	Feuchte Wiesen (im Heu ungiftig)
Herbstzeitlose	Wiesen (Samenkapseln sind giftig)
Bitterlupine	Böschungen
Toxine von Clostridien (Botulismus)	Infizierte Kadaver im Heu oder in der Wiese schimmelige Silage, Hühnerkot

Pferd mit Vergiftungserscheinungen durch Farnkraut

sowie eventuelle Behandlungsmöglichkeiten

Vergiftungserscheinungen	Gegenmittel
akut: Krämpfe, Blindheit, Taumeln *chronisch:* Kehlkopflähmung, Kolik, erschwerte Atmung, Abmagerung, Muskelzittern	Magnesiumsulfat (Bittersalz) 250–400 g in warmem Wasser mit Magenschlundsonde oder Flasche eingeben. Bitter- oder Glaubersalz geht mit Blei eine unlösliche Verbindung ein
Speicheln, Ätzstellen im Maul, übelriechender Atem, Futterverweigerung, Verstopfung. Bei schwerer Vergiftung Schock, schneller Puls, Untertemperatur	Wie bei Bleivergiftung
Kolik, Lähmungen	Kein Gegenmittel bekannt, Pferde nie an Hecken rupfen lassen
Herzlähmung, Tod tritt plötzlich ein	Schon kleinste Mengen sind tödlich
Kolik, Darmentzündung	Behandlung der Darmentzündung
Kolik, Darmentzündung, Leberschäden	Behandlung der Darmentzündung
Gähnen, Verstopfung, Futterverweigerung, Leberschäden, Taumeln, Bewußtseinstrübung	Sofort Abführmittel geben, spätere Behandlung aussichtslos
Unregelmäßiger Puls, Schwitzen, Durchfall, Herzlähmung	Behandlung meist zu spät, eventuell Atropin
Kolik, Darmentzündung	Kein Gegenmittel beim Pferd
Nach Wochen Abmagerung, nervöse Störungen, Taumeln, Krämpfe	Thiamin (Vit. B_1) als Injektion 2× täglich je 100 mg
Durchfall, Darmentzündung	Behandlung der Darmentzündung
Kolik, Lähmung, Atemstillstand	Kreislaufmittel
Erregungszustände, Leberschäden, Hufrehe	Symptomatische Behandlung
Schluckbeschwerden, Lähmungen	Fast immer tödlich, keine Behandlung möglich

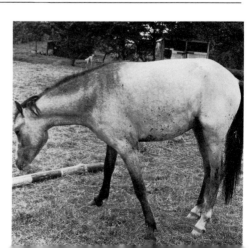

Bleivergiftung, das Pferd taumelt und ist blind

Stichwortverzeichnis

Abfohlen 17, 19, 20, 23
Abmagerung 91, 136, 137, 138
Absetzen 20
Abszeß 31, 112
Allergie 73, 79, 80, 101, 117, 122, 163
Altersbestimmung 95
Anämie, infektiöse 127
Anschoppungskolik 129
Arbeitseinsatz 21
Arthritis 148
Askariden 66
Atmung 126
-, beschleunigte 31, 118
Atmungsorgane 120 ff.
Aufblähen 129
Aufzucht, mutterlose 25
Augen 99 ff.
Augen verbinden 40
Augenentzündung, periodische 101
Ausfluß, Auge 101 f.
-, Nase 80, 108, 111, 114, 116
-, Scheide 26, 27

Ballentritt 175
Bänderriß 156
Bandscheibe 90
Bandwürmer 65
Beatmung, künstliche 24
Beugesehnenzerrung 149
Bindehautentzündung 101, 102, 103
Blasenentzündung 30, 137
Blasensteine 137
Blutarmut 62, 67
Blutarmut, ansteckende 127
Blutfleckenkrankheit 80
Blutgruppen 28
Blutkreislauf, Fohlen 23
Blutstillung 24, 42, 46
Blutübertragung 28, 80
Blutungen 24, 46
Blutvergiftung 20, 30
Blutwürmer 66, 133, 151
Bornasche Krankheit 128
Botulismus 188
Brennen 143, 150
Bronchitis 109, 113
Brucellose 107
Bruchfohlen 36
Brustfellentzündung 119

Calciumstoffwechsel 33
Coggins-Test 128
Conjunctivitis 102
Cystitis 30

Dämpfigkeit 109, 117, 121
Dampfrinne 122
Darmentzündung 66 f., 93 f., 134
Darmkatarrh 29
Darmpechverhaltung 28
Darmverschlingung 120
Deckinfektion 27
Deckzeit 17, 21, 22
Desinfektion 111
Dickdarmentzündung 135
Doping 187
Dornfortsätze 91
Druckverband 46
Druse 111
Drüsenschwellung 111 f.
Durchfall 67, 91, 94, 134
-, Fohlen 28 f., 66

Eierstockzysten 38 f.
Einbiß 96
Eingeben v. Medikamenten 109, 132
Eingußpneumonie 118
Einlauf 132
Einreibung, scharfe 143
Einschuß 159
Eisprung 18
Ekzem 72 f., 74
Ellenbogengalle 152
Englische Krankheit 32
Enteritis 134
Entwurmungsplan 77
Erkältung 108 ff.
Erntemilbe 145
Erste Hilfe 41
Euterentzündung 26

Facialislähmung 105
Feiertagskrankheit 161
Fesselbeinbruch 154
Fesselgelenkgallen 152
Festliegen 30, 34, 76, 116, 127, 137, 161
Fieber 31, 108, 114, 127, 159
-, Fohlen 31
Fleisch, wildes 43 f.
Fleischvergifter 93
Fohlenaufzucht 25 f., 34
Fohlenkrankheiten 28 ff.
Fohlen(früh)lähme 30
Fohlenrosse 22
Frakturen 154
Fremdkörper im Auge 102
Fruchtblase 23
Frühlähme 30
Fußräude 74, 145
Futterhefe 62

Futtermenge 57 ff.
Fütterung 18, 57 ff.
Fütterungsfehler 58, 130, 134, 138
Fütterungszeiten 59
Futterwürfel 58

Gasödem-Serum 43
Gaumenschwellung 97
Gebärmutter 23
Gebärmutterentzündung 20, 27
-, ansteckende 27
Gebäudefehler 47 f.
Gebißfehler 98
Geburtseinleitung 19
Geburtshilfe 23 f.
Geburtswehen 23
Gehirnentzündung, ansteckende 128
Gelbsucht 28, 127
Gelenkentzündung 141
-, Fohlen 30, 32
Gelenkverletzung 44, 141
Genickbeule 107
Gerste 58
Geschwür, Maul 138
Gesichtsnervenlähmung 105
Gewährsmängel 48, 52, 123, 156
Giftpflanzen, -substanz 188
Glatzflechte 70 ff.
Gonitis 141
Graskrankheit 136
Gras-Ödem 163
Grauer Star 101
Greifen 48
Grippe 113 ff.
Grummet 57
Gurtendruck 53 ff.

Hafer 33, 58
Haferstroh 58
Hahnentritt 157
Hakenzähne 95
Halsschmerzen 112
Hämolytische Krankheit 28
Harn, blutig 137
Harn, dick u. trübe 61
Harn, dunkel 34
Harn, dunkelrot 161
Harnprobe 18, 137, 187
Harnschnurfistel 30
Harnwinde 161
Harztröpfchen 19
Hasenhacke 155
Hauptmängel 52, 101, 123
Hautkrebs 91

Hautpilz 70 ff.
Hauttransplantation 44
Hechtgebiß 98
Hengstmanieren 38
Herbstgrasmilbe 145
Herpesvirus 116
Herzblock 126
Herzschäden 110, 114
-, Fohlen 28
Heu 33, 57, 60, 122, 132
Hitzfuß 160
Hitzschlag 78
Homöopathie 119
Hoppegartner Husten 113
Hornhautentzündung 100
Huf, -bein 168 f.
- sohle 169
- wand 169
Hufabszeß 172
Hufknorpel, seitlicher 169
Hufknorpelfistel 185
Hufknorpelverknöcherung 184
Hufkrebs 178
Hufpflege 170 ff.
Hufrehe 20, 181
Hufrollenentzündung 178
Hufsohlenquetschung 170
Hufverschlag 181
Husten 108, 113, 116, 122

Impfplan 77
Impfungen: Druse 113
-, Fohlenlähme 31
-, Grippe 115
-, Rhinopneumonitis 116
-, Stallspezifische 31
-, Starrkrampf 76
-, Tollwut 127
Inhalieren 109
Insektenstiche 72 f.
Intubation 123

Jod 42, 117
Juckreiz 63, 72, 73, 106
-, Fesselbehang 74, 145
-, Ohren 106

Karotten 33, 58, 60
Karpfengebiß 98
Kastration 21, 34 ff.
Kehlkopfpfeifen 122
Keilprobe 179
Kettenhang 159
Kieferhöhle 104
Kleie 34, 58, 92
Klopphengst 37
Knie, couronniertes 44
Kniegelenkentzündung 141
Kniescheibenluxation 142
Knochenbrüche 154
Knochengerüst 16

Knochenhasenhacke 155
Knochenneubildung 143
Knochenriß 154
Kochsalzlösung,
  physiologische 102
Kolik 129 ff.
Kolitis 135
Kolostralmilch 25, 28, 31, 115
Koppen 49 ff.
Kopper-Operation 51
Koppriemen 50
Körpertemperatur 19, 31, 115
Korrekturbeschlag 47
Kotfressen 62
Kotproben 67
Kraftfutter 26, 34, 58 f.
Krämpfe 78
Krampfkolik 129
Krebs 91
Kreuzgallen 152
Kreuzlähme 90
Kreuzverschlag 161
Krippensetzen 49 ff.
Kronbein 169
Kronentritt 175
Kronrandspalten 176
Kronsaum 168
Kropf 117
Kryptorchide 37
Kurbe 155

Lahmheit 138 ff.
-, Fohlen 30
Lähmungen 116, 128
Lampas 97
Läuse 64, 138
Leberabszeß 31
Leberstörung 32, 78, 93
Ledersohle 170
Leistenbruch 36
Leptospiren 101
Leptospirose 92
Lichtkrankheit 93
Linsentrübung 101
Luftröhrenentzündung 108 f.,
 118
Lumbago 161
Lungenentzündung 118
Lymphangitis 159
Lymphdrüsenabszeß 112
Lymphosarkome 91

Magenbremsen 68, 133
Magenentzündung 68
Magenstörung 50
Magenüberladung 129
Magenwürmer 65
Mähnengrind 71
Mais 58
Mangelernährung 138
Mash 34, 60, 135
Mauke 164 ff.

Mauke, Nässende 165
-, Trockene 165
Melanome 89
Minerallecstein 34, 61, 73
Mineralstoffmangel 33, 61
Mondblindheit 101
Moosmilben 65
Muskelentzündung 163
Muskeln 16
Muskelrisse 42 f.
Muskelzittern 158
Myoglobinurie 161
Myxoviren 113

Nabelbruch 37
Nabelentzündung 31
Nabelschnur 23
Nabelversorgung 24, 31
Nachgeburt 19 f., 23
Nageltritt 172
Nasenbremse anlegen 40
Nebenhöhlenentzündung 104
Nephritis 137
Nervenschnitt 143, 180
Nesselfieber 79
Netzhaut 99
Nickhaut 76, 102
Nickhautvorfall 76, 78
Niederbruch 149
Nierenentzündung 137
Nierenkolik 130
Nierenverschlag 161
Nisse 64
Normalwerte 125 f.
Nüsternflattern 121
Nymphomanie 38

Ohrmilben 106

Palisadenwürmer 65
Papillomatosis 89
Parasiten 63 ff.
Paratyphus 93
Pellets 58
Petechialfieber 80
Petechien 80
Pferdedasseln 68
Pferdefuß, Anatomie 168 f.
Pferdegrippe 113 ff.
Pferdeinfluenza 113
Pflegemaßnahmen 110
Phosphor 33 f.
Photophobie 93
Piephacke 152
Pilzinfektion 70, 113
Plazenta s. Nachgeburt
Pleuritis 119
Pneumonie 118
Prießnitzpackung 119 f.
Psoroptesmilben 72
Pulszählen 126

191

Quaddeln 79
Quetschung der Hufsohle 170

Rachitis 32
Radialislähmung 150
Raspe 164
Räude 63
Rauhfutter 57
Reiztherapie 73, 166
Rennbahnhusten 113
Reoviren 113
Resistenzprüfung 94
Rhinopneumonitis 116
Rhinoviren 113
Rinderdasseln 69
Ringbein 144
Rißwunden 42
Rohren 122
Rosse 18, 22
Rüben, -schnitzel 58, 92
Rückenmarkentzündung 128
Rückgratschäden 90 f.
Rundwürmer 65 f., 133

Saftfutter 58
Salmonellose 93
Samenstrangstumpf 36
Sandkolik 131
Sarkoptesmilben 63
Satteldruck 53 ff.
Sattelzwang 91
Saugmilben 72
Schale 144
Scheidenverletzung 24
Scherengebiß 98
Schienen von Knochenbrüchen 154
Schilddrüsenvergrößerung 117
Schleimbeutel 107
Schluckbeschwerden 111, 127, 136
Schlundverstopfung 92
Schmutzmauke 164
Schnittwunden 42
Schulterlahmheit 167
Schüttelfrost 108
Schwarze Harnwinde 161
Schweif halten 40
Schweifekzem 72
Schwellungen am Kopf 78
-, Wunden 43
Schwitzen 130, 132, 136, 161, 173
Sehnenscheidenentzündung 151, 153
Sehnenzerrung 149
Selenmangel 34, 163
Silage 59
Sinusinfektion 104
Sommerekzem, -räude 73

Spat 143
-, weicher 151
Speedy cutting 49
Spondylose 91
Sprunggelenkgallen 151
Spulwürmer 66
Stallapotheke 41
Stalluntugenden 49
Star, grauer 101
Starrkrampf 35, 42, 43, 75 ff.
Stauballergie 109, 117
Steingallen 171
Stellungsfehler 47 ff.
Stichwunden 42, 75
Stirnhöhle 104
Stollbeule 152
Stolpern 44, 179
Strahl, -bein 168
Strahlbeinlahmheit 167, 178
Strahlfäule 177
Streichen 47, 49
Streß 93, 101, 114, 131
Strongyliden 66, 133, 151
Stutenmilch 25
Sweet itch 74

Temperaturmessen 31
Tetanus 75
Tetanus-Serum 32, 43, 76
Tollwut 127
Tracheotomie 110, 123
Trächtigkeitsuntersuchung 18
Tragezeit 18
Tragrandspalten 176
Tränennasengang 103
Transport-Tetanie 78
Trepanieren 104
Tuberkulose 92

Überbeine 146
Umschläge 43 f., 147
Unterstützungsband 156
Untersuchung, Atmungsorgane 123 f., 125
-, Auge 99
-, Huf 139
-, Kolik 130 f.
-, Lahmheit 139, 167 f., 179 f.
-, Lidbindehäute 130
-, Puls 126
-, Temperatur 125
-, Trächtigkeit 18
-, Wurmbefall 66 f.
Urachus 23, 30
Urachusfistel 30
Urin s. Harn
Urticaria 79

Verdauungsapparat 130
Verdauungsstörungen 50, 97

Verfohlen 19, 93, 116
Vergiftungen 188
Verletzungen 41
-, am Vorderknie 44
Vernagelung 175, 180
Verstopfung 129, 136
-, Fohlen 28
Virusabort 116
Virusinfektionen 108, 113 f., 127
Viruskatarrh 113
Vitamin A 25, 29, 33
- B-Komplex 29, 62, 162
- C 33
- D 33
- E 34, 163
Vitaminmangel 32, 62
Vitaminversorgung 33
Vorderbein aufheben 39

Wand, hohle 186
Warzen 89
Warzenmauke 165
Wasserbedarf 59
Wasserharnruhr 61
Weben 52
Wehen 23
Weidefläche 57
Weißfleischigkeit 34
Widerristfistel 107
Windkolik 129
Winterhaltung 60
Wirbelverletzung 90
Wunden 42 ff.
-, granulierende 43
Wundstarrkrampf 75
Wundverband 42 f.
Wundversorgung 42 f.
Wurmbefall 65, 133, 135, 138, 151
Wurmbekämpfung 67, 133, 135, 138
Würmer 65 ff.
Wurmkolik 133

Zähne 95 ff.
Zahnfehler 98
Zahnpflege 97
Zahnraspeln 97
Zahnziehen 98
Zervixtupferprobe 18, 27
Zucht 17, 22
Zuchtalter 21 f.
Zügelpfeifen 121
Zwangsmaßnahmen beim Halten d. Pferdes 40
Zwergfadenwürmer 65

Praxiswissen für Pferdebesitzer und Reiter

Colin J. Vogel
Was fehlt denn meinem Pferd?
Ratgeber für Erste Hilfe, Behandlungspraxis, Notfälle
Die wichtigsten Erkrankungen selbst erkennen und behandeln; Sofortmaßnahmen im Notfall, tierärztliche Hilfe.

Meredith L. Snader / Sharon L. Willoughby / Deva Kaur Khalsa
Pferde natürlich behandeln und heilen
Akupunktur, Chiropraktik, Homöopathie, Massage, Heilkräuter
Ganzheitstherapien bei Pferdekrankheiten: alternative Methoden, die auf einer schonenden Behandlung des Pferdes basieren.

Gerd Emich
Naturheilkunde Pferdekrankheiten
Band 1: Bewährte Behandlungsmethoden
Band 2: Erkrankungen der Atmungsorgane
Therapieplan mit 130 homöopathischen Heilmitteln

Elwyn Hartley Edwards
Pferderassen
Über 100 Pferde- und Ponyrassen weltweit
Abstammung, Merkmale, Zucht
Die wichtigsten Rassen mit hervorragenden Farbfotos: Entwicklungsgeschichte, Exterieur, Merkmale, Lebensbedingungen und züchterische Besonderheiten.

Tom Ainslie / Bonnie Ledbetter
So verstehen Sie Ihr Pferd
Körpersprache und Verhalten
Fundiertes Praxisbuch über Natur, Bewußtsein und Sozialverhalten des Pferdes: viele Beispiele zu Körpersprache und Problemlösungen.

John Hickman
Der richtige Hufbeschlag
Illustriertes Handbuch für Theorie und Praxis
Geschichte des Hufbeschlags, Anatomie und Physiologie des Hufs, Werkzeuge, Hufeisentypen, Hufbeschlag und Hufpflege.

Im BLV Verlag finden Sie Bücher zu folgenden Themen: Garten und Zimmerpflanzen • Natur • Heimtiere • Jagd • Angeln • Pferde und Reiten • Sport und Fitneß • Tauchen • Reise • Wandern, Bergsteigen, Alpinismus • Essen und Trinken • Gesundheit, Wohlbefinden, Medizin

Wenn Sie ausführliche Informationen wünschen, schreiben Sie bitte an:
BLV Verlagsgesellschaft mbH • Postfach 40 03 20 • 80703 München
Telefon 089 / 127 05-0 • Telefax 089 / 127 05-543